初中数学素养提升的教学解读与实践

孙贵英 著

北方文艺出版社
哈尔滨

图书在版编目（CIP）数据

初中数学素养提升的教学解读与实践 / 孙贵英著. -- 哈尔滨：北方文艺出版社，2022.7
ISBN 978-7-5317-5655-2

Ⅰ.①初... Ⅱ.①孙... Ⅲ.①中学数学课 - 教学研究 - 初中 Ⅳ.① G633.602

中国版本图书馆 CIP 数据核字 (2022) 第 113238 号

初中数学素养提升的教学解读与实践
CHUZHONG SHUXUE SUYANG TISHENG DE JIAOXUE JIEDU YU SHIJIAN

作　　者 / 孙贵英	
责任编辑 / 张　璐	封面设计 / 张顺霞
出版发行 / 北方文艺出版社	邮　编 / 150008
发行电话 / （0451）86825533	经　销 / 新华书店
地　址 / 哈尔滨市南岗区宣庆小区 1 号楼	网　址 / www.bfwy.com
印　刷 / 三河市元兴印务有限公司	开　本 / 710mm×1000mm　1/16
字　数 / 157 千	印　张 / 10.75
版　次 / 2022 年 7 月第 1 版	印　次 / 2024 年 1 月第 2 次印刷
书　号 / ISBN 978-7-5317-5655-2	定　价 / 48.00 元

序　言

　　随着基础教育课程改革的不断深入，人们越来越关心学生核心素养的培养。对于数学这门学科而言，教育者更关心学生数学素养的提高。我国在1992年颁布的《九年义务教育全日制初级中学数学教学大纲（试用）》中首次提出"数学素养"一词："使学生受到必要的数学教育，具有一定的数学素养，对于提高全民族素质，为培养社会主义建设人才奠定基础是十分必要的。"其后，在1996年颁布的《全日制普通高级中学数学教学大纲（供试验用）》、2000年颁布的《九年义务教育全日制初级中学数学教学大纲（试用修订版）》和《全日制普通高级中学数学教学大纲（试验修订版）》中都有相同或类似的表述。2001年6月，《基础教育课程改革纲要（试行）》颁布，标志着我国基础教育进入一个崭新的课程改革时代，新一轮数学课程改革就此拉开帷幕。2001年颁布的《全日制义务教育数学课程标准（实验稿）》提出："数学是人类的一种文化，它的内容、思想、方法和语言是现代文明的重要组成部分。"《义务教育数学课程标准（2011年版）》（以下简称《标准》）进一步明确指出："数学是人类文化的重要组成部分，数学素养是现代社会每一个公民应该具备的基本素养。"

　　为此，国家在课程标准中对数学素养的具体内容进行了明确规定，《标准》提出，在数学课程中，应当注重发展学生的数感、符号意识、空间观念、几何直观、数据分析观念、运算能力、推理能力和模型思想，要注重发展学生的应用意识和创新意识。

　　本书从解读初中数学素养的概念入手，以课程标准中规定的初中数学素养十大核心词为线索，分别从核心词的课标解读、策略分析、课例尝试几个方面展开论述，既有理论认识，又有实践操作意义。

　　本书共五章，第一章是初中数学素养解读，第二章是初中数学核心素养提升的教学解读与设计，第三章是初中数学应用和创新意识素养提升的教学解读与设计，第四章是基于初中数学素养的教学策略与践行，第五章是反思性学习活动培养初中数学反思素养的实践研究。

  在写作的过程中，笔者查阅了大量的资料作为参考，在此，特对资料的作者表示由衷的感谢。另外，由于笔者时间和精力有限，书中难免会有不妥之处，敬请各位同行和广大读者予以批评指正。

目 录

第一章 初中数学素养解读 ……………………………… 1

第一节 数学素养概念 ………………………………… 1

第二节 新课程背景下的学生数学素养 ……………… 9

第二章 初中数学核心素养提升的教学解读与设计 …… 17

第一节 数感素养提升的教学解读与设计 …………… 17

第二节 符号意识素养提升的教学解读与设计 ……… 22

第三节 空间观念素养提升的教学解读与设计 ……… 28

第四节 几何直观素养提升的教学解读与设计 ……… 35

第五节 数据分析观念素养提升的教学解读与设计 … 40

第六节 运算能力素养提升的教学解读与设计 ……… 43

第七节 推理能力素养提升的教学解读与设计 ……… 48

第八节 模型思想素养提升的教学解读与设计 ……… 52

第三章 初中数学应用和创新意识素养提升的教学解读与设计 ……… 57

第一节 初中数学应用意识的解读与设计 …………… 57

第二节 初中数学创新意识的解读与设计 …………… 65

第四章 基于初中数学素养的教学策略与践行 ………… 77

第一节 基于初中数学素养的教学方法 ……………… 77

第二节 不同年级学生数学素养提升策略 …………… 97

第三节 基于数学素养的初中数学教学设计 ………… 111

第五章　反思性学习活动培养初中数学反思素养的实践研究……… 133

第一节　反思性学习活动概述 …………………………………… 133

第二节　反思性学习活动培养反思素养的实施过程 …………… 137

第三节　反思性学习活动培养反思素养的成效反思 …………… 148

附录：学生数学反思情况调查问卷 ……………………………… 157

参考文献……………………………………………………………… 161

第一章 初中数学素养解读

第一节 数学素养概念

一、数学素养：世界数学课程改革的关键词

当今世界正处于一个国际化的时代，跨入21世纪的世界各国都在积极进行课程改革。在数学的重要性愈加凸显的今天，任何关于数学教育的研究，都要关注当前和将来对数学素养的要求。数学素养已成为世界数学教育课程改革的关键词。

2010年公布的美国《州共同核心数学标准》强调了数学素养，提出了作为数学教学重要基础的八个素养：理解问题并能坚持不懈地解决问题；抽象、量化地推理；构建切实可行的论证，评判他人的推理；建立数学模型；有策略地使用适合的工具；关注精确性；寻求并使用结构；在重复推理中探求并表征规律。日本对数学素养的讨论是从20世纪下半叶开始的，虽然关于数学素养的争论不断，但"能够发展绝大多数高中生智力的数学素养"和"在高度信息化的社会有益于普通大众的数学素养"等一直是日本数学教育的追求。近年来，日本评价体系的基本特点就是聚焦学生的基本数学素养。

南非也高度重视数学素养，将之作为一门学科课程，并颁布了《10～12年级国家课程大纲·数学素养》，明确指出了学生数学素养的要素：数量及其运算；代数关系；空间、形状和测量；数据处理。

经济合作与发展组织（OECD）开发的国际学生评估项目（PISA），是有较大影响的学生学业国际比较项目，被英国人誉为"教育界的世界杯"，其评估目的之一就是了解处于义务教育阶段末期的15岁学生，在阅读、数学和科学素养方面为成人生活所做的准备情况。其中，关于数学素养的评估

测评已经成为影响世界数学教育改革的重要指标。例如，PISA 测试结果就直接影响了德国教育改革的走向。

就我国而言，1992 年颁布的《九年义务教育全日制初级中学数学教学大纲（试用）》首次提出"数学素养"一词："使学生受到必要的数学教育，具有一定的数学素养，对于提高全民素质，为培养社会主义建设人才奠定基础是十分必要的。"其后，在 1996 年颁布的《全日制普通高级中学数学教学大纲（供试验用）》、2000 年颁布的《九年义务教育全日制初级中学数学教学大纲（试用修订版）》和《全日制普通高级中学数学教学大纲（试验修订版）》中都有相同或类似的表述。

2001 年 6 月，《基础教育课程改革纲要（试行）》颁布，标志着我国基础教育进入了一个崭新的课程改革时代，新一轮数学课程改革就此拉开帷幕。2001 年颁布的《全日制义务教育数学课程标准（实验稿）》提出："数学是人类的一种文化，它的内容、思想、方法和语言是现代文明的重要组成部分。"《标准》进一步明确指出："数学是人类文化的重要组成部分，数学素养是现代社会每一个公民应该具备的基本素养。"2003 年颁布的《普通高中数学课程标准（实验）》指出："数学是人类文化的重要组成部分，数学素质是公民必须具备的一种基本素质。"并且明确了高中数学课程"基础性"的含义，其中之一即"在义务教育阶段之后，为我国公民适应现代生活和未来发展提供更高水平的数学基础，使他们获得更高的数学素养"。相应地，《普通高中数学课程标准（实验）解读》明确提出："基础教育数学课程的基本目标就是要提高学生的数学素养。"

2014 年，教育部印发的《教育部关于全面深化课程改革落实立德树人根本任务的意见》提出："教育部将组织研究提出各学段学生发展核心素养体系，明确学生应具备的适应终身发展和社会发展需要的必备品格和关键能力。"核心素养的提出，使得数学核心素养成为社会关注及教育研究的热点。《普通高中数学课程标准（2017 年版）》更加明确地指出："数学在形成人的理性思维、科学精神和促进个人智力发展的过程中发挥着不可替代的作用。数学素养是现代社会每一个人应该具备的基本素养。"并将"提升数学学科核

心素养""更关注数学学科核心素养的形成和发展"等作为课程标准的基本理念。

可见，数学素养已成为世界数学课程改革的一个关键词，是21世纪国际数学教育的共同目标，具备一定的数学素养是当前国际社会全球化背景下世界合格公民的基本要求，提高学生的数学素养是世界各国数学教育改革的共同追求。

二、数学素养：国际数学教育研究的重要课题

数学素养已成为世界各国数学教育改革的热点话题。相应地，关注数学素养的学者越来越多，关于数学素养的研究也越来越多。数学素养已成为国际数学教育研究的重要课题，并对世界各国产生重大影响。

从研究内容来看，关于数学素养的研究涉及数学教育的方方面面，如数学素养的内涵、数学素养的构成、数学素养的培养、数学素养的评价、数学素养的国际比较等。整体上看，数学素养的研究内容主要集中在以下几个方面：一是关于数学素养内涵的探讨，如数学素养的构成要素、数学素养的内涵分析、数学素养的价值体现、PISA或者其他国家数学素养的介绍等；二是关于如何提高学生数学素养的研究，主要是一线数学教师在实践中的具体做法，以及国外数学素养研究对我国的启示，如"善于思考，体验数学；联系生活，感悟数学""引导学生自主思考，培养探究精神；抓住细节处回顾，提升学生的思想方法素养""突出基本数学思想和方法教学，增加数学实践活动"等。

从研究影响来看，随着人们对数学素养的认识的不断深入，越来越多的国家更加关注本国学生的数学素养，并积极参与数学素养的国际比较。以经济合作与发展组织开展的PISA研究为例，从2000年开始，每3年进行一次测试，国际上参与该测试的国家和地区越来越多，2000年有43个国家和地区参与，到2009年已达65个，其中包括第一次参加PISA测试的中国上海。而2015年PISA测试范围已覆盖72个国家和地区，共计54万名学生。

不仅参与者在不断增加，PISA对学生数学素养的考查也对世界各国的

数学教育产生了很大影响。许多被试国家和地区以PISA测试结果为课程改革的依据，总结本国或本地区数学教育的经验和不足；而一些未参与测试的国家和地区也运用PISA的数学素养框架分析学生的数学素养状况，借鉴PISA的数学素养内涵实施数学课程改革。因此，数学素养的研究成果也成为人们关注的热点。例如，2003年，美国15岁的学生在PISA测试中的表现不尽如人意，在数学阅读和数学问题解决方面的成绩都低于国际平均水平，以至于2004年12月7日美国著名的 *Wall Street Journal* 杂志的新闻标题是《经济时代的炸弹：美国学生的数学在世界最差之列》。2009年，上海首次参与该测试，参赛团队获得数学、科学、阅读三个单项第一和总分第一。较高的PISA成绩成为世界教育界关注的热点，也成为学者研究的重要内容相关的学术论文如《基于PISA数据评价上海学生的21世纪能力》《自信·自省·自觉——PISA2012数学测试与上海数学教育特点》《PISA影射下数学学业水平考试的问题情境比较研究——以上海三年中考和新加坡O-Level试题为例》等。

可见，关于数学素养的研究正对世界数学教育界产生重大影响。目前，"数学素养"已成为国际数学教育界关注的重要内容，自纳入国际数学教育大会讨论课题后，已成为国际数学教育大会探讨的重要议题。

三、理论与实践的互动：数学素养的研究路向

尽管数学素养已成为国内外关注的焦点，成为世界数学教育研究的重要课题，但是数学教育界对数学素养的理解却有所不同。

国际上关于数学素养的用词很多，如numeracy、mathematical literacy、mathematical proficiency、quantitative literacy、mathemacy等。数学素养的内涵在不同国家也略有差异，全美数学教师理事会（NCTM）于1989年在《美国学校数学课程与评价标准》中，将数学素养内涵概括为："能理解数学价值、对自己的数学能力有信心、成为数学问题解决的能手、学会数学交流、学会数学推理。"在《面向21世纪的基础数学》报告中又指出："现代数学素养包含数学知识、数学思维、数学方法、数学思想、数学技能、数学能

力、个性品质七个方面的内容。"美国 2010 年颁布的《州共同核心数学标准》提出了数学教学的八个重要基础素养：理解问题并能坚持不懈地解决问题；抽象、量化地推理；构建切实可行的论证，评判他人的推理；建立数学模型；有策略地使用适合的工具；关注精确性；寻求并使用结构；在重复推理中探求并表征规律。

英国著名的科克罗夫特报告（Cockcroft Report）于 20 世纪 80 年代指出数学素养就是自信地处理家庭、工作场所和社区等日常生活中的问题所需要的数学能力。包括运用数字和数学技能处理实际问题的能力；运用数学语言，如曲线、图表、百分比表达信息的能力。

澳大利亚数学教师协会于 1997 年提出，数学素养是应用数学来满足家庭生活、工作岗位、参与社区和公民生活的需要，包括在特殊情境中使用数学的能力和气质、为解决真实问题选择数学的能力、跨越课程的数学概念和技能、数学思考和策略、合理情境的欣赏。2000 年，澳大利亚在全球生活技能调查中，用一种更综合的方式把数学素养定义为人们用来有效处理生活与工作过程中出现的数量问题所需的技能、知识、信念、气质、思维习惯、交流能力、问题解决能力的聚合。德国的数学教育标准提出的数学素养包括数学论证，数学地解决问题，数学建模，数学表征的应用，数学符号、公式及技巧的熟练掌握，数学交流。

2002 年，PISA 指出，数学素养是"个体识别和理解数学在世界中所起作用的能力，做出有根据的数学判断的能力，以及作为一个关心社会、善于思考的公民，为了满足个人生活需要而使用和从事数学活动的能力"。随着认识的深化，PISA 本身也在不断发展。比如，PISA 对学习参与度（投入程度）的重视程度越来越高，最初只是将其作为影响能力的因素来考虑，现在已经将其作为素养的重要组成部分，并且把培养参与度作为与培养能力同样重要的教育目标。

这表明，数学素养不仅具有文化相关性，而且是一个动态发展的概念，在不同文化背景、不同时代背景下，对数学素养的理解有一定差异。国际上对数学素养的认识既存在共性，也因文化背景不同而有差异。这是人们对数

学素养认识不同的一个重要原因。

即使在相同的文化背景下，国际上对数学素养的认识也不统一。就我国学者而言，桂德怀、徐斌艳认为，数学素养是数学情感态度价值观、数学知识、数学能力的综合体现。蔡上鹤指出，数学素养的结构是多方位的，有四个基本素养：①知识技能素养；②逻辑思维素养；③运用数学素养；④唯物辩证素养。王子兴认为，数学素养包括创新意识、数学思维、数学意识、用数学的意识理解和欣赏数学的美学价值等五个要素。顾沛指出，数学素养是通过数学教学赋予学生的一种学数学、用数学、创新数学的修养和品质，也可以叫数学素质，主要包括主动探寻并善于抓住数学问题中的背景和本质的素养，熟练地用准确、严格、简练的数学语言表达自己的数学思想的素养等方面。郑强把数学素养界定为："在数学课程学习过程中，学生通过数学学习加深对数学知识的理解，内化数学文化的成果，最终在学生身上体现的一种时代价值或自己达到的新水平，同时能够主动将数学理论应用于生产生活实践。"蔡金法等认为："数学素养应该是人的一种思维习惯，能够主动、自然、娴熟地用数学进行交流、建立模型解决问题；能够启动智能计算的思维，拥有积极的数学情感，做一个会表述、有思想、和谐的人。也就是说，数学素养至少包含着数学交流、数学建模、智能计算、数学情感四个方面。"

综合来看，关于数学素养的研究具有以下特点。

其一，在理论层面，学界对数学素养的认识并不完全相同，有数学素养的五要素说、数学素养的多方位结构说，还有数学素养的广义狭义说。同时，研究结论得出的方法也有不同。有些研究直接引用别人的观点；有些研究主要基于自己的经验认识；有些研究主要从素养或素质的概念方面演绎数学素养；有些研究通过数学学习活动解释数学素养；有些研究则从社会发展角度分析数学素养。由此启发我们，有必要进一步扩大研究视角，采用科学的研究方法，全方位、立体化地研究数学素养，深刻揭示数学素养的内涵。

其二，在实践层面，关于数学素养的研究主要源于丰富的一线教学实践，经验认识成分较大，基本上仍属于实践经验的罗列。当然，还有一些所谓的策略，本质上可被称为教师个人主观臆断的产物，但事实上已丧失了理论与

实践的品格。而且，研究的方法有待进一步改进，研究的水平有待进一步提高。关于数学素养的实践研究不是基于数学素养内涵理论指导下的教学实践，缺乏对数学素养的本质认识。也正是如此，我国还缺少有影响的提高数学素养的实践研究。因此，有必要进一步开展先进理论指导下的提高学生数学素养的实践研究，促进教学实践由简单的经验总结过渡到理论指导下的自觉实践。

其三，更进一步看，几乎所有研究都将数学素养作为一个褒义词，强调数学素养的重要性，其主要原因在于数学的重要性。那么，数学之于人的全面发展一定是积极的吗？是否所有人都必须具备研究者所提出的数学素养？一味强调数学素养是否就一定会促进人的发展？要回答这一系列问题，有必要进一步从数学活动的本质认识数学素养，理性开展教学实践活动。

理论与现实中的这些问题，都要求我们进一步全面、深刻地认识数学素养，进一步开展提高学生数学素养的实践探索。没有理论指导的实践是盲目的，没有实践基础的理论是空洞的。因此，理论的实践解读与实践的理论反思促进理论与实践的互动，是进一步深化数学素养研究的基本路径。有鉴于此，我们将沿着以下路径开展研究。

首先，对大量文献资料进行加工提炼，重点探讨在《全日制义务教育数学课程标准（实验稿）》《标准》《普通高中数学课程标准（实验）》等指导性文献中的数学素养的体现，采用科学的研究方法，从数学性、全球性、本土性、文化性、现代性等多维视域，从数学、教育等方面，立体化、全方位地揭示新课程背景下学生数学素养的内涵。

其次，聚焦于学生的数学素养，以科学构建数学素养为理论依据，着眼于调查内容、调查主体两个方面，从数学活动的知识成分和观念成分入手，考虑学生个体差异，考查不同学段学生在数学问题、数学思想方法、数学语言等方面的知识素养，以及部分学生对数学、数学学习的认识等方面的观念素养，刻画出我国学生数学素养的现实样态。

再次，聚焦于数学课堂教学，以诊断问题、找出症结、提出改进方案为主要目的，通过数学课堂观察等方法，以数学素养理论为指导，着眼于教师

的教、学生的学，深入考查数学课堂教与学的现状，揭示数学课堂教学的显性特征，指出当前数学课堂教学在培养数学素养方面存在的问题。

最后，依据学生数学素养的现状及数学课堂教学的现状，以"既要明确肯定数学的善，努力提高学生的数学素养，又要认识到数学的恶，理性开展培养学生数学素养的实践"为指导原则，立足于数学课堂实施改革，针对数学素养培养中存在的问题，聚焦于数学课堂教学活动，探讨提高学生数学素养的教学策略。

四、数学素养的研究原则

人类对客观世界的正确认识，以及在此基础上建立起来的各门科学的知识体系，都离不开历史和逻辑相统一的原则。该原则既适用于对大自然的认识，也适用于对社会历史的认识；既适用于对宏观事物的认识，也适用于对某一具体事物和某个人的微观认识。也就是说，科学的认识和方法论要求把历史与逻辑辩证地结合起来，历史与逻辑相统一是科学研究的基本要求，有助于人们正确把握事物内部和事物之间各种复杂的关系，深刻认识事物的本质和规律。

因此，研究数学素养应坚持历史与逻辑相统一的原则。也就是说，对数学素养的认识不仅要重视实际发生的数学教学，关注数学素养产生的历史背景，从历史发展、教学实践中阐释数学素养，还应以先进理论为逻辑起点，揭示数学素养历史发展过程中的规律，在先进理论的指导下进行逻辑构建。仅仅着眼于词源的逻辑演绎，容易导致形式主义；而仅仅关注经验总结，则容易陷入经验主义。研究数学素养，需要在先进理论指导下构建数学素养。在此基础上开展的实践研究才会由经验总结过渡到理论指导下的自觉实践，从而提高教学实践的理论性和自觉性。

因此，坚持历史与逻辑相统一的原则，才能使构建的数学素养有实践根基，使开展的实践探讨有理论依据，由此实现理论与实践的互动。

第二节　新课程背景下的学生数学素养

我们将根据历史与逻辑相结合的原则，兼顾社会、数学、教育等方面的发展，从内涵、要素、体现、培养等方面，全面探讨新课程背景下的学生数学素养。

一、数学素养的内涵：课程改革的隐性目标

数学素养已成为世界数学教育界探讨的热点话题，但"数学素养"一词于1992年才首次出现在《九年义务教育全日制初级中学数学教学大纲（试用）》中："使学生受到必要的数学教育，具有一定的数学素养，对于提高全民族素质，为培养社会主义建设人才奠定基础是十分必要的。"其后，又出现在1996年颁布的《全日制普通高级中学数学教学大纲（供试验用）》、2000年颁布的《九年义务教育全日制初级中学数学教学大纲（试用修订版）》和《全日制普通高级中学数学教学大纲（试验修订版）》中。

为何提出数学素养？从我国数学教学大纲的演变过程可以看出，1993年颁布的《中国教育改革和发展纲要》（以下简称《纲要》）和1999年中共中央、国务院颁布的《关于深化教育改革全面推进素质教育的决定》（以下简称《决定》），以及1998年国务院颁布的《面向21世纪教育振兴行动计划》（以下简称《行动计划》）等文件，都是制定、修订大纲的重要依据。其中，《纲要》指出，"基础教育是提高民族素质的奠基工程，必须大力加强""中小学要由应试教育转向全面提高国民素质的轨道，面向全体学生，全面提高学生的思想道德、劳动技能和身体心理素质，促进学生生动活泼地发展"。《决定》指出，"全面推进素质教育，培养适应21世纪现代化建设需要的社会主义新人"。而《行动计划》的"跨世纪素质教育工程"提出，"整体推进素质教育，全面提高国民素质和民族创新能力"是实施"跨世纪素质教育工程"的基本目标。

可见，数学素养是全面实施素质教育这一时代背景下的产物。数学教育

改革的历史表明，数学素养与素质教育是分不开的，数学素养是在数学教育中贯穿素质教育思想的必然产物。在此意义下，提高学生的数学素养就是针对应试教育的诸多弊端（如只注重知识而忽视创造能力，只强调机械训练而忽视主动探究，学生被动学习而缺乏学习兴趣等）提出的。而实施素质教育是面向21世纪教育改革与发展的根本目的，以提高学生的数学素养为数学教育改革的根本目标，是实现提高全民素质这一大教育目的的一个学科性目标。通过数学学科的学习，使学生的数学素养得以提高，促进学生的全面发展，进而提高全民素质。也就是说，数学素养就是数学教育改革的根本目标。

之后，数学素养频繁出现于数学课程改革的相关文件中。2001年颁布的《基础教育课程改革纲要（试行）》标志着我国新一轮课程改革的开始，该纲要明确指出，全面推进素质教育是课程与教学改革的目标，新课程改革的核心目的是培养全面发展的人。以此为指导的"数学课程标准"也相应地将"数学素养"纳入其中。例如，2003年颁布的《普通高中数学课程标准（实验）》指出："基础教育数学课程的基本目标就是提高学生的数学素养。"《标准》也指出："数学是人类文化的重要组成部分，数学素养是现代社会每一个公民所必备的基本素养。"《普通高中数学课程标准（2017年版）》更是将数学素养作为贯穿课程标准始终的一个关键词，在"课程性质"中明确指出："数学在形成人的理性思维、科学精神和促进个人智力发展的过程中发挥着不可替代的作用。数学素养是现代社会每一个人应该具备的基本素养。"将"以学生发展为本，立德树人，提升素养""重视过程，聚焦素养，提高质量"作为重要的基本理念。

《标准》提出，要发展学生的数感、符号意识、空间观念、几何直观、数据分析观念、运算能力、推理能力、模型思想、应用意识和创新意识等10个有关数学核心素养的词汇。《普通高中数学课程标准（2017年版）》中给出了数学抽象、逻辑推理、数学建模、直观想象、数学运算和数据分析等六大核心素养的内涵、作用、主要表现等。高中阶段数学素养是义务教育阶段的数学素养的延伸与发展，它们之间是一脉相承的，义务教育阶段运用得较多的是意识、观念、思想、能力等词汇，如创新意识对应着高中阶段的各种

素养，空间观念和几何直观对应着高中阶段的直观想象，模型思想对应着高中阶段的数学建模，运算能力对应着高中阶段的数学运算，等等。

因此，数学素养是我国新一轮数学课程改革的根本目标，或者说，新课程背景下的数学素养承载着培养目标的重任，汇聚了人们对数学教育的期望。

在义务教育阶段，数学素养具体表现为知识与技能、数学思考、问题解决、情感态度；在普通高中阶段，数学素养表现为基础知识与基本技能、数学能力、数学意识及数学情感态度价值观，是具有数学基本特征的思维品质、关键能力及情感、态度与价值观的综合体现。

也就是说，通过义务教育阶段的数学学习：学生的数学素养能够得到提高，并获得适应社会生活和进一步发展所必需的数学基础知识、基本技能、基本思想、基本活动经验；能够体会数学知识之间、数学与其他学科之间、数学与生活之间的联系，运用数学的思维方式进行思考，增强发现问题、提出问题、分析问题和解决问题的能力；能够了解数学的价值，提高学习数学的兴趣，增强学好数学的信心，养成良好的学习习惯，具有初步的创新意识和实事求是的科学态度。

二、数学素养的构成要素：知识素养和观念素养

数学素养的基本内涵是课程目标，但仅从目标上认识还较为笼统，要深刻理解数学素养，还需要将其进一步具体化，明确数学素养的构成要素。

由于数学素养是通过数学学习活动获得的，不同于其他学科素养，所以探讨新课程背景下的数学素养就应该在现代数学观指导下认识数学素养的构成。

一般来说，数学观是人们对数学的总的认识和看法。不同历史时期、不同个体对数学有着不同的认识，也就有着不同的数学观。

古希腊时期，针对数学对象的实在性问题，柏拉图持有数学实在论的观点，认为数学对象是一种共相，数学命题是关于理念世界的知识，数学对象是理念世界中的存在，即数学对象是一种不依赖人的思维的独立存在。而亚里士多德持有反实在论观点，认为数学对象不应被看成独立于感性事物的真

实存在，它是人类抽象思维的产物，是一种抽象的存在。

1890—1940年，围绕数学基础问题，形成了数学基础三大学派。以罗素为代表的逻辑主义认为，算术理论不能看作数学的最终基础，数学的基础在于逻辑。以鲁伊兹·埃赫贝特斯·简·布劳威尔（Luitzen Egbertus Jan Brouwer）为代表的直觉主义认为，数学悖论的出现说明数学本身有问题，说明已有的数学理论并不都是可靠的，必须按照某种更为严格的要求进行审查。审查的标准或者可靠的基础不在于思维以外的客观世界，而在于思维本身，即把数学看作一种纯粹的心智活动。以戴维·希尔伯特（David Hilbert，以下简称"希尔伯特"）为代表的形式主义指出，数学的可靠成分是有限数学，数学基础研究的主要任务就是通过给非有限数学以形式的解释，把全部数学建立在有限数学的基础上。整体来看，数学基础三大学派持有静态的、绝对主义的数学观，认为通过自己的研究工作可以一劳永逸地解决问题。如果将数学建立在基础上，数学就成为无可怀疑的真理，数学的发展就是这些真理在数量上的积累。随着库尔特·哥德尔（Kurt Gödel）不完备定理的出现，人们对数学基础又有了新的认识。

可见，随着时代的发展、认识的深化，人们的数学观会有差异。探讨当前学生的数学素养需要将其置于当前数学课程改革的大背景、大环境中。

就新一轮数学课程改革而言，《全日制义务教育数学课程标准（实验稿）》对数学做了如下的描述："数学是人们生活、劳动和学习必不可少的工具，能够帮助人们处理数据，进行计算、推理和证明，数学模型可以有效描述自然现象和社会现象；数学为其他科学提供了语言、思想和方法，是一切重大技术发展的基础；数学在提高人的推理能力、抽象能力、想象力和创造力等方面有着特殊的作用；数学是人类的一种文化，它的内容、思想、方法和语言是现代文明的重要组成部分。"《标准》进一步明确指出："数学与人类发展和社会进步息息相关，随着现代信息技术的飞速发展，数学更加广泛应用于社会生产和日常生活的各个方面。"数学"不仅是自然科学和技术科学的基础，而且在人文科学与社会科学中发挥越来越大的作用"，是"人类文化的重要组成部分"。《普通高中数学课程标准（实验）解读》指出："我们要用动态的、多元的观点来认识数学，要认识数学的一些基本要素，如数学有两个侧面，即数学的两重性——数学内容的形式性和数学发现的经验性。""数学是一门有待探索的、动态的、进化的思维训练，而不是僵化的、绝对的、封闭的规则体系；数学是一种科学，而不是一堆原则，数学是关于模式的科学，而不仅仅是关于数的科学。"

可见，新课程标准对数学的认识是全面的、多方位的。从本体论角度看，新课程标准既强调数学对象的客观性、数学与现实生活的密切相关性，又指出数学是人类创造的产物，是学生依据已有知识主动构建的产物；从认识论角度看，新课程指出了数学演绎性的一面，提出了数学经验性的一面，认为数学发展的动力是社会现实的需要，也认为来自数学内部的问题是数学发展的动力，强调归纳与演绎是数学发展的两翼；就数学的价值而言，新课程标准既指出了数学的工具价值、科学价值，也强调了数学所具有的文化价值。

因此，新一轮数学课程改革倡导动态的、多元的、辩证的数学观，将数学看作人类的一种创造性活动；明确肯定数学的辩证性质（如数学的模式化与具体化、数学的形式与非形式方面、逻辑与直觉、统一性与多样化、一般与特殊等）；将数学看作人类文化的子文化；等等。

在此意义下，数学学习的内容不仅仅表现为公式定理等数学活动的成果，还包括数学问题、方法、语言等数学创造性活动的不同环节，通过数学学习，不仅要掌握知识，还要形成数学观。因此，学生的数学素养应包括数学的知识素养（问题、方法、语言、理论等）和观念素养，同时我们应将它们看作一个综合体，并从辩证的角度理解这些要素。具体阐述如下。

数学问题素养：具有问题意识，能够数学地发现问题、提出问题、分析问题、解决问题。

数学方法素养：掌握数学思想方法，能正确运用逻辑推理及推理方法解决数学问题。

数学语言素养：理解并掌握数学语言，具备数学表达与交流的能力。

数学知识与技能素养：掌握由数学概念和命题组成的整体性的基本理论体系。

数学观念素养：对数学有较为全面的认识，能认识数学的一些基本要素（如数学内容的形式性和数学发现的经验性、逻辑和直觉、分析和构造等），树立动态的、多元的、辩证的数学观。

进一步看，以上对数学素养的认识正是新一轮数学课程改革理念的具体化。

数学方法素养是实现数学地思考问题的路径；数学语言素养是沟通数学知识之间、数学与其他学科之间、数学与生活之间联系的桥梁；数学知识与技能素养是获得适应社会生活和进一步发展所必需的数学基础知识、基本技能、基本思想、基本活动经验的必要载体；数学观念素养是"了解数学的价值，提高学习数学的兴趣，增强学好数学的信心，养成良好的学习习惯，具有初步的创新意识和实事求是的科学态度"的集中体现。

可见，对数学素养的认识与数学课程标准的基本理念相一致，是数学课程改革理念的具体化。

三、数学素养的体现：层次性

一个明显的事实是：小学生所具备的数学素养与初中生不同，初中生所具有的数学素养与高中生不同，这就涉及数学素养如何体现，即数学素养在不同学生个体上的具体化问题。

让·皮亚杰（Jean Piaget）将认知发展过程分为四个阶段：感知运动阶段（0～2岁）、前运算阶段（＞2～7岁）、具体运算思维阶段（＞7～12岁）、形式运算阶段（＞12～15岁）。这表明，处于不同认知发展阶段的学生有不同的心理特点，他们通过数学学习获得的知识能力、情感等方面都存在一定差异，因此不同认知水平的学生所具备的数学素养有一定差异，即数学素养在学生个体上体现出一定的层次性。

例如，在2001年颁布的《全日制义务教育数学课程标准（实验稿）》中，就知识而言，对于"数学"这一知识的要求是：第一学段的学生应该能够"结合现实素材感受数学的意义，并能进行估计""能结合具体情境初步理解分数的意义""能运用数学表示日常生活中的一些事物，并进行交流"；

第二学段的学生应该具备"在熟悉的生活情境中了解负数的意义，会用负数表示一些日常生活中的问题""结合现实情境感受数学的意义，并能进行估计""进一步体会数学在日常生活中的作用，会运用数学表示事物，并能进行交流"。

就推理能力的发展而言：第一学段的学生应"能够进行有条理的思考"；第二学段的学生要做到"不仅能够有条理地思考，还应当能够向别人解释自己所获得的结论的合理性"；第三学段的学生应当能够"尝试通过不同的方式去检验一个猜想的可信性，通过不同类型的推理活动形成一个合乎情理的猜想，能够用比较规范的逻辑推理形式表达自己的演绎推理过程"。

就理解认识数学的价值而言：第一学段主要让学生感受到"身边的很多事物都与活动存在着数学关系"；第二学段则应当给学生创造更多的机会，让他们体会到"数学对于我们生活的自然与社会所产生的重要作用"，介绍一些著名数学家的事迹，让学生感受到数学活动的探索性与创造性；第三学段应当向学生介绍"数学在人类发展过程和当代科技领域中的重要作用"，让学生在数学活动中体会证明的重要性并学会证明，从理性上认识数学结论的正确性。

在《标准》中，数学素养的层次性也有明确的体现。例如，就"图形的认识"而言，在认识对象上：第一学段要求学生"能根据具体事物的照片或直观图辨认从不同角度观察到的简单物体""能通过实物和模型辨认长方体、正方体、圆柱和球等几何体""能辨认长方形、正方形、三角形、平行四边形、圆等简单图形"等；第二学段在要求学生认识的图形中增加了线段、射线和直线及梯形、扇形，对角的认识扩大到了平角、周角，对三角形的认识从一般三角形到等腰三角形、等边三角形、直角三角形、锐角三角形、钝角三角形等，同时还增加了圆锥；而第三学段要求学生除认识点、平面外，更多的是对已有图形从整体到局部的认识，如"理解三角形及其内角、外角、中线、高线、角平分线等概念""理解圆、弧、弦、圆心角、圆周角的概念"等。在认识要求上：第一学段的学生应该能够"了解直角、锐角和钝角"；第二学段的学生需要体会"两点间所有连线中线段最短""了解周角、平角、

钝角、直角、锐角之间的大小关系""了解三角形两边之和大于第三边";而第三学段的学生则要"会比较线段的长短""能比较角的大小"。

数学素养不仅在不同学段的学生个体身上有不同表现,即使是同一学段,不同认知水平的学生在数学素养上也有不同层次的表现。例如,就高中阶段学生应该具有的逻辑推理素养而言,"能够在熟悉的情境中,用归纳或类比的方法,发现数量或图形的性质、数量关系或图形的关系""能够在关联的情境中,发现并提出数学问题,用数学语言予以表达;能够理解归纳、类比是发现和提出数学命题的重要途径""能够在综合的情境中,用数学的眼光找到合适的研究对象,提出有意义的数学问题"就是三种不同层次的表现。

可见,数学素养具有层次性。笼统地说,学生的数学素养是知识能力与情感态度价值观的统一;简单地说,数学素养是知识素养和观念素养的综合体,都是较为简单化、抽象化的表述。我们应该根据学生的年龄特征,指明数学素养在知识、方法、语言、情感态度等方面的具体体现,只有这样,由此展开的提高学生数学素养的数学教学才能更为具体、更有针对性,也更为有效。

第二章　初中数学核心素养提升的教学解读与设计

第一节　数感素养提升的教学解读与设计

《标准》指出，数感是关于数与数量、数量关系、运算结果估计等方面的感悟。建立数感有助于学生理解数学在现实生活中的意义，理解或表述具体情境中的数量关系。

一提起数感，有些人就感觉比较"玄乎"，比较"虚"，一些教师也会觉得把数感作为课堂教学的目标，很不好把握。但是生活实例表明，我们必须加强对数感的认识。例如，教师在教学"指数幂的意义"一课时，抛出一个现实情境问题：将一张纸对折32次，它的厚度有多少？经过几次对折，学生有了一个初步的了解，而对于对折32次的结果只是一种猜测。教师给出结论：一张纸对折32次，它的厚度可以超过世界最高峰——珠穆朗玛峰的高度。

这个结论使学生在感到惊讶之余表示出强烈的质疑，学生会产生一种"不见结果不信服"的学习内驱力。在这个过程中，教师利用的是学生具体实际操作所建立起来的直观感觉与数学科学计算得出的结果之间的巨大反差，由此创设出一个生动的、极富吸引力的学习环境。这也说明学生在学习数学概念时，其固有的数感在起作用，而且教师若能适时地利用学生原有的数感的特点进行设计，形成教学中学生的认知冲突，则能够极大地提高课堂教学的效率和效果。

一、对数感的基本认识

（一）关于数感内涵的说法

多方资料显示，国内外关于数感的说法有很多种，具体包括以下几种：

17

①数感是一种"关于数字或数量"的直觉;②数感与语感、方向感、美感等类似,都具有"直觉"的含义,具有对特定对象的敏感及鉴别能力;③数感是一种主动、自觉、自动化地理解数和运用数的态度和意识,是一种基本的数学素养;④数感包含知觉、观念、能力,可以用知识来统一指称,这一知识是程序性的、内隐性的、非结构性的。

(二)《标准》中对数感的表述

在教学中,教师对数感也常常有"虚无缥缈"的感觉,找不到教学的支点。《标准》将数感描述为"感悟",既有"感"(感知)的意思,又有"悟"的意思。

"感"是外界刺激作用于主体而产生的,是通过肢体感官而不是通过大脑思维产生的,含有原始的经验性的成分。"悟"是主体自身通过大脑思维产生的。因此,"感悟"既通过肢体又通过大脑,既有感知的成分又有思维的成分。

《标准》将数感归纳为三个方面:数与数量、数量关系、运算结果估计。这样非常有利于教师在教学中更好地把握培养学生数感的几条主线。

1. 关于数与数量

小学生对数的感悟是从辨认实物的多少开始建立的,在学习过程中,逐步把数量词与实物联系起来,由小到大。随着年级的升高,学生还会经历更多的对数的意义的感悟(如对分数、百分数、小数的感悟),并能形成对事物的各种表达方式的理解,如学生会知道50%和0.5是同一个数的不同表示。在实际生活中,学生能够把数和数量之间的关系联系起来,如对数量单位的认识:一提起文具盒的长度,能够想到厘米;一提起教室的长宽,能够想到米;一提起两个城市的距离,能够想到千米。

2. 关于数量关系

随着年级的升高和知识的丰富,学生对数量关系的感悟会逐步提升,比如对有理数的大小、函数所表示的数量关系的感悟。学生对一些相对综合、复杂的数量关系的感悟,常常是伴随着具体的问题情境展开的。比如,具有

一定数感的学生在坐出租车时，不会对车上的计价器熟视无睹，他会关注跳动的数字，并对数字变动的间隔时间、出租车已行的路程、起步价及每千米的价格、到达目的地的总价，在头脑中做出反应并形成判断。这里的数感是对具体问题所涉及的数量关系的整体把握。

3. 关于运算结果估计

数的运算是数学课程中所占学时较多的内容，过去我们更多关注对运算法则的掌握和运算技能的训练，而通过运算培养学生的估算意识和估算能力，以此发展学生的数感，应该成为新课程标准下课堂教学的目标。《标准》在数与代数部分多处提到估计及估算的要求，如"在生活情境中感受大数的意义，并能进行估计""能结合具体情境，选择适当的单位进行简单估算，体会估算在生活中的作用""在解决问题的过程中，能选择合适的方法进行估算""能用有理数估计一个无理数的大致范围"。运算结果的估计涉及的因素有很多，如对参与运算的数量意义及其关系的理解、对运算方法的选择与判断、对运算方式的把握、对具体情境数量化的处理等。所以，运算结果的估计反映的是学生对数学对象更为综合的数感。

二、怎样培养学生的数感素养

数感既然是对数的一种感悟，它就不会像知识技能的学习那样立竿见影，需要在教育中潜移默化地积累经验，经历一个逐步建立和发展的过程。

（一）提升教师的数感素养

大量事实表明，教师要提升自己的数感素养。

1. 事例1

某考试题：有一个小孩以 10 m/s 的速度前进……

大家想一想：孩子1秒钟能跑10米？1秒钟跑10米是什么概念，数下1就跑出去10米，这也太快了，所以命题的时候应该注意这个问题。

2. 事例2

有这样一个方程题：某书店老板去批发市场购买某种图书，第一次购

书用100元，按该书定价2.8元出售，并很快售完。由于畅销，书店老板又去批发市场购书，这时批发价上涨，每本比第一次高出0.5元，这次用去了150元，所购书的数量比第一次多了10本，当这批书在出售80%的时候出现了滞销，老板便以五折售出剩余图书，该老板第二次售书是赔钱还是赚钱（不考虑其他因素）？赔（或赚）多少钱？

解：设批发价为x元，依题意得$\dfrac{150}{x+0.5} - \dfrac{100}{x} = 10$。

解得：$x_1 = 2$，$x_2 = 2.5$。

本题的生活背景是市场经济，数据为什么较小？也许是命题者出于"怕给学生的运算造成负担"的考虑，如果计算器可以带入考场，那么数据就不必缩小了。出这道题的目的是什么呢？以往，我们书本上的这样的问题，用一元二次方程解出来的一定是一个正根、一个负根，那么负根想都不用想，就可直接舍掉，因为不符合题意。本题中解一元二次方程得出的两个根都是大于零的，这就涉及取舍问题。现在两根都是正的，那就可能都符合题意，怎么取舍呢？回到实际问题的情境当中，回到社会常识问题当中，就是要用批发价做一个衡量标准，与它比较来进行取舍。比较有意思的是：如果取x_1，那么老板就赚钱了；如果取x_2，那么老板就赔钱了。现实生活中有这样的事儿吗？又赔了，又赚了，这是不可能的。

实质上，这是教师对数感的认识和理解有问题。所以，教师要提升自己的数感，不仅关注数，更关注在背景中如何去理解数。

（二）结合内容提升学生数感素养

要结合每一学段的具体内容，逐步提升和发展学生的数感。比如，在第三学段，学生对数的认识领域的扩大及对数的认识经验的积累，使他们建立起对负数的数感。教师可以引导学生在复杂的数量关系和运算问题中提升数感，发展良好的数感品质。

《标准》在关于学习内容的说明中指出：数感的主要表现为理解数的意义；能用多种方法表示数；能在具体情境中把握数的相对大小关系；能用数来表达和交流信息；能为解决问题而选择适当的算法；能估计运算的结果，

并对结果的合理性进行解释。

人们常常会有意识地将一些现象与数量建立联系。例如，有一个空盒，有一堆糖，有人就会有意识地将二者进行联系，如思考这堆糖装进盒子里能不能装下、能不能装满，这就是数感在起作用。

学生的数感不是仅靠教师讲解获得的，而是要结合具体情境，通过数学活动得到感受和体验。教师要结合具体情境帮助学生理解数的意义。例如，刚入学的一年级学生，在认识10以内的数的时候，教师必须通过实物、图片进行教学，使实物或图片与数一一对应。教师甚至可以将学生带出教室，数一数教室门前有几棵树，有几盆花，使学生将10以内的数与身边实物的数量结合起来。在认识万以内的数的时候，不可能让学生数实物，这时就可以为学生提供丰富的现实背景，使学生在真实的情境中获得感受和体验。例如，联系本校实际，让学生回忆一下每个星期一升旗的时候，1 000人在操场上集合是什么样的，10所这样学校的学生集中在一起就是10 000人。这样一些具体的、与学生密切联系的活动，可以使学生对数形成一个鲜明的情境，并且在遇到相似情境时，在头脑中出现一个具体的参照物。

在具体情境中把握数的相对大小关系，不仅是理解数的概念的需要，同时也会加深学生对数的实际意义的理解。

建立数感有助于理解具体情境中的数量关系。例如，列方程和解方程、列函数和解函数的这个过程，就是在培养学生的数感。

建立数感可以理解为会"数学地"思考，这对每个人来说都是重要的。我们没有必要让每个人都成为数学家，但应当使每个人都在一定程度上会"数学地"思考，因此数感是人的一种基本素养。

（三）组织活动积累学生数感素养

应让学生多经历有关数的活动，让他们在活动中逐步积累数感经验。在具体的数学活动中，学生能动脑、动口、动手，多种感官协调活动，相互交流，这对强化感知和思维、积累数感经验非常有益。

例如，让学生观察身边的事物，思考怎样用数来表示。数可以用来表示

21

数量（基数）、顺序（序数），也可以用来测量、命名和编码。例如，52可以表示52个人、52路车、52号房间、52 mL容量、距离某地52 km、52号篮球队员等。又如，某学校为每个学生编号，设定末尾用1表示男生，用2表示女生，9713321表示"1997年入学的一年级三班的32号学生，该生是男生"，从而学生也能准确理解身份证号码的意义了。

学会用数表达和交流信息，既能使学生体会学习数学的价值，也是数感的具体表现。

一个教师在上"感受万有多大"一课时，讨论"万这个数究竟有多大"，事先让学生通过各种途径查找资料，在班上交流。有的学生拿出家里珍藏的一本书，书的扉页上注明有100万字，让同学们看一看有多厚、有多少页，展示每页的字数。这样的活动不仅使学生对万这个数有一些具体的感受，同时可以使学生运用不同的渠道获取信息，并学会倾听，从别人对某些数量的描述中发现问题、思考问题。

第二节 符号意识素养提升的教学解读与设计

符号意识既是数学的语言，也是数学的工具，更是数学的方法。数学符号的功能、特性是多方面的。它具有抽象性，这使得数学能够超越数学对象的具体属性，而从形式化的角度进行逻辑推演，并一步步把数学引向深入；它具有明确性，某一数学符号的意义一旦被赋予，就在这个确定意义下被运用，不会含糊，不会产生歧义，从而体现了数学的严谨性；它具有可操作性，数学过程往往体现为数学符号之间的运算，针对运算的算法是形式化的，也几乎是自动化的，不需要每次都从头做起。此外，数学符号还具有节律性和通用性等特点，因此数学符号在数学发展中起着举足轻重的作用。法国数学家让·迪多内（Jean Didone）在《论数学的进展》一文中将"引进好的符号"作为促进数学发展的重要原因之一。在学习数学的过程中，学生无时无刻不与符号打交道，对数学符号的语言、工具、方法、功能和上述特性的认识，事实上构成了学生学习数学的重要内容，学生掌握数学符号、运用数学符号的能力的培养，也成为重要的教学目标。

一、对符号意识的认识

符号意识指的是什么呢？从一般意义上说，所谓符号，就是针对具体事物对象而抽象概括出来的一种简略的记号或代号。数字、字母、图形、关系式等构成了数学的符号系统。符号意识是学生在感知、认识、运用数学符号方面所做出的一种主动性反应，也是一种积极的心理倾向。

数学符号最本质的意义就在于它是数学抽象的结果。数来源于对数量本质的抽象，而数据就成为能够以大小排序的符号。与数的符号表示一样，关于数的运算知识也是从生活实践中加以抽象并逐渐形成法则的。在这一过程中，很重要的一步是使用字母这一符号来表示抽象运算，这使得"可以像对'数'那样，对'符号'进行运算，并且通过符号运算得到的结果具有一般性"。这表明数学符号不仅是一种表示方式，更是与数学概念、命题等具体内容相关的、体现数学基本思想的核心概念，发展学生的符号意识是数学教学的重要目标。

理解并运用符号来表示数、数量关系的变化规律是一种水平。知道运用符号进行运算、推理得到的结论具有一般性是一种意识。数学是形而上的东西，形而上就是针对"形"进行研究的，用数学的符号语言来表示它，然后对这些符号之间的关系进行推演，在这个过程中用这些符号得到的结论一定是一般形式的。这样有助于学生的数学思考习惯的形成，使学生能够运用数学符号去探索寻求数学的真理。

二、符号意识的内容

在数学学习中，无论是概念、命题学习，还是问题解决，都涉及用符号去表征数学对象，并用符号进行运算、推理，得到一般性的结论。《标准》对符号意识的表述，有以下几层意思值得我们体会。

（一）能够理解并运用符号表示数量关系和变化规律

《标准》中的相关要求针对的是符号表示：一是能够理解符号所表示的意义；二是能够运用符号表示数学对象（数、数量关系和变化规律）。

每一个数学符号都有它特定的含义，如"+、-、×、÷"分别表示特定的运算意义，"=、≈、>、<"则表示数学对象之间的某种关系。学生理解符号的意义，是数学学习中最基本的要求，也是符号意识最基本的要求。由于数学符号是一种特殊的语言，对数学符号的理解，也有其固有的特点和要求。因为符号具有一定抽象度，对符号的认识和理解，就不应是形式上的，而应是实质上的，即应从抽象的符号本身看到其所表征的准确的数学意义；因为符号具有压缩信息的功能，所以对符号意义的理解，就不能是片面的，而应是全面的、完整的，特别是将符号语言转换为我们所熟悉的生活语言时，应该抓住其数学本质予以解读和表征；因为数学符号具有概括性和一般性特征，所以对它的认识和理解又不是孤立的、僵化的，如应注意符号与符号之间的关系（如"+"与"×"之间的关系），也应注意同一符号的多重意义（如 $c=ab$ 可以表示矩形面积与长和宽的关系，可以表示平行四边形面积与底和高的关系，可以表示路程与时间和速度的关系，可以表示总价与单价和数量的关系，还可以表示半圆周长与圆周率和圆半径的关系）。

对数学符号不仅要"懂"，还要会"用"，运用符号表达数学对象就是"用"符号的重要方面。这里的数学对象主要指数、数量关系和变化规律，它们在各个学段都有自己特定的要求。关于用符号表达数学对象，这里着重指出两点。一是注意在整个义务教育阶段的学习过程中，学生用符号表达数学对象是一个由简单到复杂、由相对具体到相对抽象的过程。比如，用数字符号表示现实中的多少，用单一的运算符号表示数字运算关系，其抽象度显然不及用字母代替数及用字母表示数量关系，后者对前者来说是一个阶段性的变化。而用符号关系式或一定的数学模式语言去表示特定的数学变化规律则更为抽象和复杂。这表明关于数学表达的符号意识的发展是一个逐渐积累变化的过程。二是数学符号的表达是多样的，如关系式、表格、图像等，都是表达数量关系和变化规律的符号工具，有时即使是同一个数学对象，也可采用多种符号予以表达，而多种符号表达方式之间，也是可以转换的。符号表达的这些特点，值得我们在教学中关注。

例如，《标准》例9：在下列横线上填上合适的数字、字母或图形，并说明理由。

1，1，2；1，1，2；＿＿＿，＿＿＿，＿＿＿。

A，A，B；A，A，B；＿＿＿，＿＿＿，＿＿＿。

□，□，▯；□，□，▯；＿＿＿，＿＿＿，＿＿＿。

通过观察规律，第一学段的学生能够感悟到对于有规律的事物，无论是用数据，还是用字母或图形，都可以反映其规律，只是表达形式不同而已。

（二）知道使用符号可以进行运算和推理，得到的结论具有一般性

从某种意义上说，"知道使用符号可以进行运算和推理，得到的结论具有一般性"正是符号意识作为一种"意识"需要强化的，这一要求的核心是基于运算和推理的符号"操作"意识，由于运算和推理是数学教学活动中最重要的基本形式，所以《标准》的这一要求是希望学生在各个学段的学习中，都加强在逻辑法则下使用符号进行运算、推理的训练。这类训练涉及的类型很多，如对具体问题的符号表示、变量替换、等价推演、模型抽象及模型解决等。

（三）理解符号的使用是数学表达和进行数学思考的重要形式

数学表达是学生在解决具体问题时必须采用的方式，数学表达实质上就是以数学符号为媒介的一种语言表达。通过培养学生的符号意识，发展学生的数学表达能力，成为教师关注的目标。

例如，某书定价 8 元，如果一次购买 10 本以上，超过 10 本的部分打八折。分析并表示购书数量与付款金额之间的关系。显然，购书数量与付款金额之间呈函数关系（分段函数），为了方便解决问题，我们可以分别采用函数关系式、列表、作图等多种符号表达方式来表示这一具体问题。

发展符号意识，最重要的是运用符号进行数学思考，我们不妨把这种思考称为"符号思考"，这种思考是数学抽象、数学推理、数学模型等基本数学思想的集中反映，也是最具数学特色的思维方式。

举一个简单的例子:"房间里有四条腿的椅子和三条腿的凳子共16个,如果椅子腿数和凳子腿数加起来共有60条,那么有几把椅子和几个凳子?"如果学生没有经过专门的"鸡兔同笼"解题模式的思维训练,那么他完全可以使用恰当的符号进行数学思考,找到解题思路。例如:可以用表格分析椅子数的变化引起凳子数和腿总数的变化规律,直接得到答案;也可采用一元一次方程或二元一次方程组的方式加以解决。

三、怎样培养学生的符号意识

(一)结合概念、命题、公式的教学,培养学生的符号意识

概念、命题、公式是数学课程内容的重要组成部分,是数学教学的重点,而它们又和数学符号的表达和使用密切相关。因此,《标准》在学段目标和各学段课程内容中,都提出了具体的要求。例如:理解符号＞、=、＜的含义;能用符号和词语描述万以内数的大小;认识小括号,认识中括号;在具体情境中,能用字母表示数;结合简单的情境了解等量关系,并能用字母表示;能用方程表示简单情境中的等量关系;能分析具体问题中的简单数量关系,并用代数式表示;通过用代数式、方程、不等式、函数等表述数量关系的过程,体会模型的思想,建立符号意识。

(二)结合现实情境培养学生的符号意识

一方面,教师要尽可能通过实际问题或现实情境的创设,引导、帮助学生理解符号及表达式、关系式的意义,或引导学生对现实情境问题进行符号的抽象和表达;另一方面,教师要通过某一特定的符号表达式,启发学生进行多样化的现实意义的填充和解读,这种建立在现实情境与符号化之间的双向过程,有利于增强学生数学表达和数学符号思维的变通性、牵引性和灵活性。

例如,我们经常会遇到这样的题目。

观察下列等式:

$$(1+2)^2 - 4 \times 1 = 1^2 + 4$$

$$(2+2)^2 - 4 \times 2 = 2^2 + 4$$

$$(3+2)^2 - 4\times 3 = 3^2 + 4$$

……

则第 n 个等式可以表示为_____。

本题通过等式两端的数字表达式，使学生能够从中发现变量，进而利用题目中给定的 n 来表示其中的规律，本题主要考查学生的观察能力和运用符号描述规律的能力。

观察上面等式，第 n 个式子可以表示为 $(n+2)^2 - 4n = n^2 + 4$。这实质上是小学高年段的内容，如果把最后一句话去掉，就到了初中水平。根据前面的三个算式，学生能想到规律，要想把这个规律表述出来，就必须使用符号，这是初中不同于小学的要求，这就叫符号意识。如果已经告诉学生用什么符号表示了，这就不是初中水平，而是回到小学层面了，所以说这道题蕴含着考查符号意识的机会，但就是最后这句话使得要求降低了，没有很好地考查学生的符号意识。

（三）在解决数学问题的过程中发展学生的符号意识

符号意识更多地表现为以学生为主体的一种主动使用符号的意识，因此符号意识的培养，仅靠一些单纯的符号推演训练和模仿记忆是难以达到应有的效果的。教师应引导学生发现问题、提出问题（这实际上需要运用符号抽象和表达问题）、分析问题、解决问题（这实际上是使用符号进行运算推理和数学思考）。在这一过程中，学生通过积累运用符号的数学活动经验，能更好地感悟符号所蕴含的数学思想本质，逐步提高学生的符号意识。

例如：下列图形（见图2-1）都是由边长为1 cm的小正方形按一定规律拼接而成的。依此规律，第17个图形中有_____个小正方形。

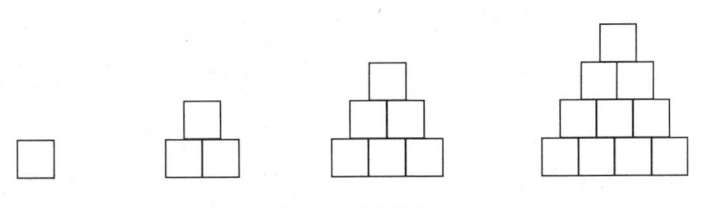

图2-1 问题图

这道题并没有把公式表示出来，但是公式已经记在学生的心里了，学生只有能用语言描述公式，才能求出第 17 个图形中小正方形的数量。如果学生一直画到第 17 个图形，那就说明这个学生根本就没学会数学，教师也没教会他数学，会数学的学生一定是先找规律的。学生应该直接把这个规律用符号表达出来，写成公式，然后把 17 代入算出结果。所以说这道题能够"逼"着孩子去想"这道题的公式是什么？"，这就是符号意识。实际上，本题所考查的不仅是符号意识这一个方面，也考查把图形抽象成数，考查学生的抽象能力，即给出一个数列，观察数列中的每一项，特别是项与项之间的关系。

第三节　空间观念素养提升的教学解读与设计

一、认识空间观念

几何学是人们最早以课程的形式进行学习的科目。空间想象力被一致认为是数学诸多能力中重要的组成部分。空间观念作为空间想象力发展的基础，受到普遍的重视，也成为我国义务教育阶段几何课程的主要教学目标之一。心理学把人对头脑中已有的表象进行改造，并创造出新形象的过程称为想象。关于空间想象力的含义，林崇德在 1991 年指出，中学生的空间想象包括对平面几何图形和立体几何图形的运动、变换和位置关系的认识，以及数形结合、代数问题的几何解释等。

空间想象力主要体现在对诸如一维空间、二维空间、三维空间中方向、方位、形状、大小等空间概念的理解水平及其几何特征的内化水平上，体现在对简单形体空间位置的想象和变换（平移、旋转及分割、割补和叠合等），以及对抽象的数学式（算式或代数式等）给予具体几何意义的想象解释或表象能力上。

曹才翰提出，空间想象力就是以现实世界为背景，对几何表象进行加工改造，创造出新的形象的能力。他同时指出，空间想象力对于初中生来说要

求太高了，所以义务教育阶段培养学生的空间观念反映了以下五个方面的要求：①在形状简单的实物中抽取出空间图形；②在空间中反映出实物；③在复杂的图形中分解出简单的、基本的图形；④在基本的图形中寻找基本元素及其关系；⑤用文字或符号做出或画出图形。

关于发展学生的空间观念的目的，数学家和数学教育研究者都有相关的描述。数学家迈克尔·阿蒂亚（Michael Atiyah）认为，几何是数学的一部分，其中视觉思维占主导地位，而代数是数学中有序思维的一部分。两者在真正的数学研究中都起着本质的作用，它们在教育中的意义也是清楚的。我们的目标是培养学生发展这两种思维模式，过分强调一种而损害另一种是错误的。

几何有助于我们用一种有序的方式表示和描述我们生活的现实世界，将帮助学生描述和弄清世界的意义。对学生来说，发展牢固的空间关系的观念，掌握几何的概念和语言，可以较好地为学习"数和数量"概念做准备，还可以促进其他数学概念的进一步学习。几何的模型提供了一个透视图，学生可以从中分析和解决问题；几何的解释还可以帮助学生形成一个抽象的（符号的）表示，使人更容易理解。

一方面，空间与人类的生存密切相关，了解、探索和把握我们生活的空间，能使人类更好地生活并利用空间；另一方面，空间观念是创新精神所需的基本要素，没有空间观念和空间想象力，几乎很难谈到发明创造，因为许许多多的发明创造都是以实物的形态呈现的。设计者首先要对自己的创造物进行想象，然后构建模型（包括图形和实物），再根据模型修改设计，直至最终完善成型，空间观念和空间想象力在这个过程中起着至关重要的作用。

二、空间观念的内容

《标准》从四个方面对空间观念进行了刻画和描述。空间观念主要是指根据物体特征抽象出几何图形，根据几何图形想象出所描述的实际物体；想象出物体的方位和相互之间的位置关系；描述几何图形的运动和变化；依据语言的描述画出几何图形。

《标准》对空间观念的描述是在义务教育阶段，学生通过对图形与几何内容的学习，掌握这方面的要求并达成学习目标，是一个包括观察、想象、比较、综合、抽象分析的过程，它贯穿图形与几何学习的全过程，无论是图形的认识、图形的运动，还是图形与坐标都承载着发展学生空间观念的任务。

（一）根据物体特征抽象出几何图形，根据几何图形想象出所描述的实际物体

研究表明，三维图形与二维图形的相互转换是培养学生空间观念的主要途径。"根据物体特征抽象出几何图形，根据几何图形想象出所描述的实际物体"的过程，是三维图形与二维图形相互转换的基本表现形式。这是一个充满观察、比较、推理和抽象的过程，是建立在对周围环境直接感知基础上的、对空间与平面关系的理解与把握。

从实物或几何图形到视图，经历了从三维图形到二维图形转化的过程，而从视图到几何图形或实物，则经历了从二维图形到三维图形的转换。此外，几何图形与侧面展开图、几何图形与用平面截得的截面等，都蕴含着三维图形与二维图形的相互转换。

画出物体的三视图，就需要在头脑加工的基础上，把观察到的几何图形经过想象与抽象后再现出来、记录下来，使空间观念从感知不断发展为一种可以把握的能力。

（二）想象出物体的方位和相互之间的位置关系

方位与现实生活是密切联系的，也是个体对空间把握能力的一个具体体现，对方位的感知和图形相互之间位置关系的把握是表现空间观念的一个重要方面。

想象物体的方位和相互之间的位置关系，在不同的问题情境中有不同的水平要求。在给出包含四个方向并注明中心点的方位结构中，判断某一物体的相对于中心的方位是最基本的层次；只给出一个方向（如北），判断物体之间的位置关系，就需要学生具有更复杂一些的想象力了，同时推理能力也是必须具备的。

（三）描述几何图形的运动变化

图形的运动既有形式上的（平移、旋转、翻折、放大、缩小等），也有运动方向上的。对图形的运动和变化的描述，更具有综合性，它要求理解相关知识和内容，同时需要观察想象并再现图形的运动和变化过程，无论是语言表述还是用图形刻画这个过程，都同样是把空间观念从感知推向一种可以把握的能力。

例如，教师要求学生描述从学校到家的路线示意图，并注明方向及途中的主要参照物时，学生需要回忆实际的路线，想象他经过的各个环节和方向，学生也可以借助实物模拟路线，进一步画出路线的简单示意图。这其中涉及的方位实际上比单纯描述物体的方位又复杂了一些，它是一种综合的运用。

（四）依据语言的描述画出几何图形

想象空间是很开放的，可以是具体的图形，也可以是具有某种大小或位置关系的一种图形。当有人向你描述你看不到的情境时，你需要根据他人的描述，构建符合原形的直观想象，阐述和倾听都需要在逻辑上对图形关系进行分析和操作，正确地反映出描述的结果。

三、空间观念的培养

空间观念的培养是一个长期经验积累的过程，因此对教学的要求有别于具体的几何知识，但它又是在几何知识的学习中体现的。全美数学教师理事会在1989年指出，要想发展学生的空间观念，学生必须具有许多经验。例如：几何关系的要点，在空间中物体的方向、方位和透视观点；相关的形状和图形与实物的大小，以及如何通过改变大小来改变形状。这些经验要依靠学生以下几个方面的能力：会利用像"上面""下面""后面"等一些词语，能画出一个图形旋转90°或180°以后的图形，能根据要求作图、折叠，让学生想象、绘制和比较放在不同位置上的图形，等等。这些活动将有助于发展他们的空间观念。

事实上，在图形与几何课程的学习中，还可以利用很多的素材和机会发展学生的空间观念，主要是教师如何来认识和利用这些素材和机会。

（一）促进空间观念发展的课程内容

《标准》不仅将发展空间观念作为核心概念和目标，同时重视发展学生空间观念的内容，这些在本书的内容分析部分都有提及。

例如：在第一、二学段的"图形与运动""图形与位置"中大部分内容的学习，都是发展学生空间观念的很好的素材；第一、二学段的"从不同方向观察物体""运用基本图形拼图"，以及"基本几何体的展开图"等，也都是旨在发展学生空间观念的课程内容；在第三学段"图形的变化"中的各种图形的运动，尤其是图形的投影内容的安排，其核心目标也是发展学生的空间观念。

事实上，空间观念的培养在图形的认识及图形的证明过程中都有所体现，因为在几何图形的认识和证明中对图形特点的观察也需要想象，也有根据他人的描述画出图形的过程。因此，在图形与几何内容的学习中抓住典型内容，就可以将空间观念的培养贯穿整个学习过程。

（二）促进空间观念发展的教学策略

1. 现实情境和学生经验是发展空间观念的基础

空间观念的形成基于对事物的观察与想象，而现实世界中的物体及其关系是学生观察的最好材料，学生的已有经验也是观察、想象、分析的基础，因此在教学中结合学生熟悉的现实问题情境，是发展学生空间观念的有效策略。

例如，绘制学生自己房间和学校的平面图，描述从家到学校的路线图，描述观察到的情景画面，描述游乐园中各种运动的现象。这些问题既是他们生活中熟悉的，又是数学学习中需要重新审视和加工的。对平时看到的东西进行回忆，在头脑中想象、加工之后的再现就是数学的抽象了，这其中就渗透了空间观念发展的元素。

无论是教材的编写，还是教师的教学设计，都需要注意开发和利用现实世界中丰富的资源，如城市的建筑与立交桥、乡村的院落与山水，我们生活的广阔空间和其中大量的实物，为我们提供了一个鲜活的大课堂，供我们观察、想象与描述。

2. 利用多种途径发展学生的空间观念

从《标准》对空间观念的描述和有关课程内容的分析中，我们能够感觉到，发展学生空间观念是有多种途径的。对生活经验的回忆与再现，对实物的观察与描述、折叠与展开、分析与推理等都是发展空间观念的有效途径。

教师在教学中应该结合教学内容恰当地安排学生的活动，创造条件使学生有机会从事上述的活动来发展空间观念。

例如，我们可以在小学高年级安排这样的折纸问题（见图2-2）：将一张正方形的纸对折后再对折一次，然后用剪刀剪出一个小菱形，再把纸完全展开，请画出它的展开图。

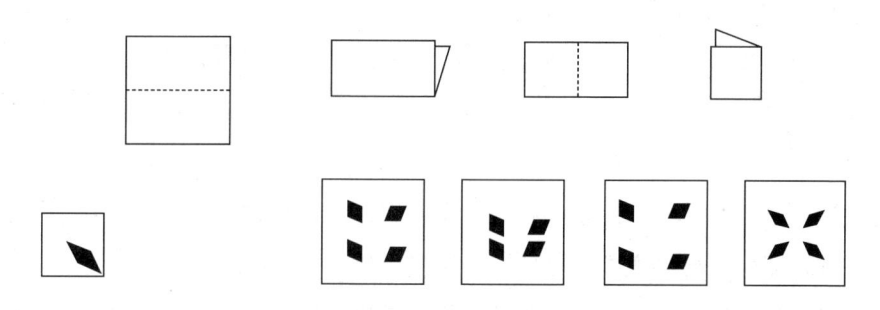

图 2-2 问题图

图形的运动和变化包括从复杂的图形中分离出简单的图形，从复杂的图形里识别出你要找的图形，这是学生的能力问题。很多学生看到眼花缭乱的几何图形就懵了，这实质上是空间观念欠缺的表现。根据语言能够画出图形，考查的是学生的空间观念。教师不能认为给出一个图形和不给出一个图形，差别主要是难度不一样，这里面涉及思维能力的问题。在考查图形的运动变化时，教师也不要给出每一个过程的形态，给出了每一个过程的形态，学生的想象能力就没有了，让学生自己去画，这就是在考查他的空间观念。

例如：下图（见图2-3）是由大小相同的小正方体组成的简单几何体的

主视图和俯视图,请画出这个几何体的左视图;若正方体组成的简单几何体的小正方体为 n,请写出 n 的所有可能值。

图 2-3　问题图

本题借助图形考查学生的空间想象能力,探索几何体与平面图形的位置关系,探索和描述几何对象的变化规律,借助图像进行推理。这是让学生根据平面图形想象这个立体图形是由几个相同的小正方体组成的。实质上,教师不要以为考的只是知识,识图本身就是在培养学生的空间观念,让学生在平面图形与立体图形之间自由转换,这里面有推理的成分,所以是很有难度的,对学生想象力的要求是很高的。

3. 在思考想象过程中发展空间观念

空间观念的培养不是一蹴而就的,它需要经验的积累和丰富的想象力,因此教师在教学中要给学生提供足够的时间和空间去观察和想象、操作和分析。

这其中还有观察与想象的相互关系问题,观察描述往往是空间观念发展的基础,而想象与再现则是更高层次的空间观念的表现。

对学生而言,可能直接的观察与想象是有些困难的,有的教师会模拟地创设一个情境,让学生去观察具体物体的摆放场景,然后进行判断。这样做确实能够降低纯粹靠想象做出判断的难度,但同时也失去了培养学生想象力的机会。因此,教师不妨让学生先想一想,尝试着做出判断,然后再实际看一看,把实际看到的物体和想象的物体进行比较,得出正确的结论。这样将有助于学生积累想象的经验,提高把握物体之间关系的能力,发展学生的空间观念。

第四节　几何直观素养提升的教学解读与设计

一、对几何直观的认识

几何直观的几何是指几何图形，直观不仅指直接看到的东西，更重要的是依托现在看到的东西和以前看到的东西进行思考、想象，利用图形分析问题。借助几何直观，可以把复杂的问题变得简明形象，有助于探索解决问题的思路及预测结果。几何直观可以帮助学生直观地理解数学，在整个学习过程中发挥着重要的作用。综合起来，几何直观就是依托、利用图形进行数学的思考和想象。它本质上是一种通过图形展开的想象能力。爱因斯坦曾说过："想象力比知识更重要，因为知识是有限的，而想象力概括着世界上的一切，推动着进步，并且是知识进化的源泉。严格地说，想象力是科学研究中的实在因素。"

数学是研究数量关系和空间形式的科学。空间形式最主要的表现就是"图形"，除了美术，只有数学把图形作为基本的研究对象。数学的研究、学习、讲授不仅需要关注研究图形的方法，研究图形的结果，还需要感悟图形给我们带来的好处。几何直观就是在"数学—图形"这样一个关系链中，让我们体会它所带来的巨大好处。20世纪最伟大的数学家希尔伯特在其著作中谈道："图形可以帮助我们发现描述研究的问题，可以帮助我们寻求解决问题的思路，可以帮助我们理解和记忆得到的结果。"几何直观在研究、学习数学中的价值由此可见一斑。

几何直观是具体的，不是虚无的，它与数学的内容紧密相连。事实上，很多重要的数学内容、概念，如数、度量、函数，甚至高中的解析几何、向量等，都具有"双重性"，既有"数"的特征，也有"形"的特征，学生只有从两个方面认识它们，才能很好地理解并掌握它们的本质意义。也只有这样，才能让这些内容、概念变得形象生动，变得更容易被学生接受并运用它们去思考问题，形成几何直观，这也就是教师经常说的"数形结合"。让图

形"动起来"，在运动和变化中研究、揭示、学习图形的性质，这样一方面加深了学生对图形本质的认识，另一方面也提升了几何直观。由此可以看到，在义务教育阶段培养学生的几何直观是尤为重要的。

几何直观与逻辑推理也是分不开的。几何直观常常是靠逻辑支撑的，它不仅是看到了什么，而且是通过看到的图形思考到了什么，想象到了什么，这是数学非常重要而有价值的思维方式。几何直观会把看到的与以前学到的结合起来，通过思考、想象，猜想出一些可能的结论和论证思路，这就是合情推理，它为严格证明结论奠定了基础。

有些数学研究的对象是可以看得见、摸得着的，而更多数学研究的对象是看不见、摸不着的，这是数学的一个基本特点。但是数学中那些抽象的对象，绝不是无源之水，无本之木，它的"本"和"源"一定是具体的。例如，我们看不到七维空间，但是我们知道白色的光是由七种颜色的光组成的。这可以理解为，七维空间的、可以看得到的"源"是帮助我们联想的实物和基础。在数学中，需要学生依托一维空间、二维空间、三维空间，去想象和思考高维空间的问题，这就是几何直观。

几何直观在研究、学习数学中可以看作最基本的能力，数学教师应重视它，并在日常教学中帮助学生不断提升这种能力。

二、几何直观的内容

《标准》明确指出："几何直观主要是指利用图形描述和分析问题。借助几何直观，可以把复杂的数学问题变得简明形象，有助于探索解决问题的思路，预测结果。几何直观可以帮助学生直观地理解数学，在整个数学学习过程中都发挥着重要作用。"

在数学课程中，几何内容是很重要的一部分。几何课程的教育价值，最主要的有两个方面：一方面，几何能培养学生的逻辑推理能力；另一方面，它也能培养学生的几何直观。但是目前，部分教师对此在认识上存在着一定的局限性，在几何教学中，他们仅仅重视培养逻辑推理能力，而忽视对学生几何直观的培养。教师应全面理解几何直观的教育价值，重视几何直观。

认识和理解几何直观可以帮助学生直观地理解数学，在整个数学学习过程中都发挥着重要的作用，这一点是非常重要的，它表明我们不仅要在几何教学中重视几何直观，还要在整个数学教学中重视几何直观，培养几何直观应该贯穿义务教育数学课程的始终。这种几何直观，能使学生更好地感知数学、领悟数学，数学逻辑和几何直观对数学都是重要的，它们也是相互交织关联的，直观中有逻辑，逻辑中有直观。

三、几何直观的培养

几何直观在很大程度上是数形结合的一种解释。对于函数的变化规律，可以从它的系数直接来判断，这是想象不出来的，所以需要借助图像，这就是几何直观。

在义务教育阶段，许多重要的数学内容、概念都具有数和形两方面的本质特征，学会从两个方面认识数学的这些对象是非常重要的，即数形结合是认识数学的基本角度。

例如，在数学活动中，小明想求 $\frac{1}{2} + \frac{1}{2^2} + \frac{1}{2^3} + \frac{1}{2^4} + \cdots\cdots + \frac{1}{2^n}$ 的值（结果用 n 表示），设计了如图 2-4（a）所示的图形。（1）请你利用这个几何图形求 $\frac{1}{2} + \frac{1}{2^2} + \frac{1}{2^3} + \frac{1}{2^4} + \cdots\cdots + \frac{1}{2^n}$ 的值；（2）请你利用图 2-4（b），再设计一个能求 $\frac{1}{2} + \frac{1}{2^2} + \frac{1}{2^3} + \frac{1}{2^4} + \cdots\cdots + \frac{1}{2^n}$ 的值的几何图形。

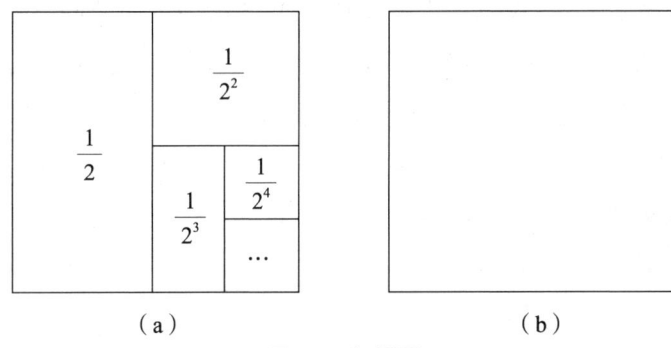

图 2-4　问题图

解：（1）设总面积为1，最后余下的面积为$\frac{1}{2^n}$，故几何图形$\frac{1}{2}+\frac{1}{2^2}+\frac{1}{2^3}+\frac{1}{2^4}+\cdots\cdots+\frac{1}{2^n}$的值为$1-\frac{1}{2^n}$。

本题如此考查，是给定了借助图形的一种算法，而要求学生换一种算法，突出考查的是利用图形描述数量关系。

因此，适当调整问题的表述，就能考查学生的几何直观了。例如，在数学活动中，小明想求$\frac{1}{2}+\frac{1}{2^2}+\frac{1}{2^3}+\frac{1}{2^4}+\cdots\cdots+\frac{1}{2^n}$的值（结果用$n$表示），怎么求？你能说说你的思路吗？

如果能够画出图形，不管画出下面图形（见图2-5）中的哪一个，都说明学生的思维方式体现了几何直观，具备了几何直观意识。几何直观应当作为解决问题的一种手段自然地出现在解题过程中，由学生想出。

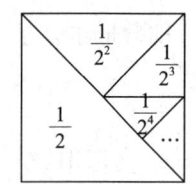

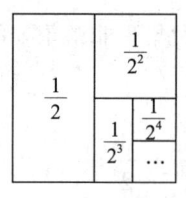

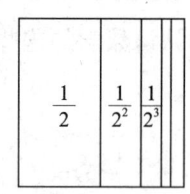

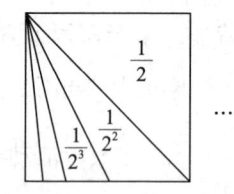

图2-5 问题图

综上，几何直观在研究、学习数学中可以看作最基本的能力，在日常教学中教师应从以下几个方面培养学生的几何直观。

（一）在教学中使学生逐步养成画图习惯

在日常教学中，教师帮助学生养成画图习惯是非常重要的。通过多种途径和方式，学生真正体会到画图对理解概念、寻求解题思路带来的益处，无论计算还是证明，逻辑的、形式的结论都是在形象思维的基础上产生的。

在教学中教师应有这样的导向：能画图时尽量画图，其实质是将相对抽象的思考对象图形化，尽量把计算、证明等数学的过程变得直观，直观了就容易产生形象思维。

（二）重视变换，让图形动起来

几何变换或图形的运动，是几何也是整个数学中很重要的内容，它既是学习的对象，也是认识数学的思想和方法。一方面，在学习数学的过程中，学生接触的最基本的图形都是对称图形，如球、圆锥、圆台、正多面体、圆、正多边形、长方形、长方体、菱形、平行四边形等。另一方面，在认识、学习、研究不对称图形时，学生往往是以这些"对称图形"为工具的。变换又可以看作运动，让图形动起来是指在认识这些图形时，在头脑中让图形动起来。例如，平行四边形是一个中心对称图形，可以把它看作一个整体，通过围绕中心旋转180°，去认识、理解、记忆平行四边形的其他性质，充分利用变换去认识、理解几何图形是培养几何直观的好办法。

（三）学会从"数"与"形"两个角度认识数学

数形结合首先是对知识技能的贯通式认识和理解，之后逐渐发展成一种对数与形之间的化归与转化的意识，这种对数学的认识和运用能力，是形成正确的数学态度所必需的。

有人认为看见图形就是数形结合，甚至认为勾股定理也是数形结合。我们可以体会一下什么是数形结合。一是用数来描述形里面的问题，把形的问题转化成数的问题加以解决，这是数形结合的一种表达形式。比如说，我们都学过解析几何，用方程把常见的几何图形的运动规律表述出来，然后在代数范围内进行推演，就能知道图形大体在什么位置，图形之间到底是什么关系，这是数形结合的典范。二是用图形的方式解决代数问题的方法，这也是数形结合的一种表达形式。比如说，方程中的数量关系，对于初一的孩子来说不好把控，那就画个图形把它们的关系表述出来，把抽象的东西直观化，把脑子里的东西画出来，这都叫几何直观。然而，勾股定理本身是探索三边之间的数量关系的，不是解决问题的方法，所以说它不是数形结合。

（四）掌握运用一些基本图形解决问题的方法

将让学生掌握一些重要的图形作为教学任务，贯穿义务教育阶段数学教

学、学习的始终，除了上面指出的图形外，还有数轴、方格纸、直角坐标系等。在教学中，教师要有意识地强化学生对基本图形的运用能力，不断运用这些基本图形去发现描述问题、理解记忆结果，这应该成为教学中关注的目标。

第五节 数据分析观念素养提升的教学解读与设计

一、数据分析观念的意义及含义

也许有人会提出这样的问题，统计不就是计算平均数、画统计图吗？这些事情计算器、计算机就能做得很好，还有必要花那么多精力学习吗？确实，在信息技术如此发达的今天，计算平均数、画统计图等内容不应再占据学生过多的学习时间，事实上它们也并非统计的核心。在义务教育阶段，学生学习统计与概率的核心目标是发展"数据分析观念"。观念绝不等同于计算、作图等简单技能，而是一种需要在亲身经历的过程中培养出来的对各种数据的领悟，由一组数据所想到的、所推测到的，以及在此基础上，对于统计与概率独特的思维方法和应用价值的认识。

《标准》中将数据分析观念解释为："了解在现实生活中有许多问题应当先做调查研究，收集数据，通过分析做出判断，体会数据中蕴含的信息；了解对于同样的数据可以有多种分析的方法，需要根据问题的背景选择合适的方法；通过数据分析体验随机性，一方面对于同样的事情每次收集到的数据可能不同，另一方面只要有足够的数据就可以从中发现规律。数据分析是统计的核心。"

这段表述点明了两层意思。第一，点明了统计的核心是数据分析。数据是信息的载体，包括语言、信号、图像，凡是能够承载事物信息的东西都构成数据，而统计学就是通过这些载体来提取信息进行分析的科学和艺术。第二，点明了数据分析观念的三个方面的要求：体会数据中蕴含着的信息；根据问题的背景选择合适的方法；通过数据分析体验随机性。这三个方面体现了统计与概率独特的思维方法。

二、对数据分析观念要求的分析

（一）体会数据中蕴含的信息

统计学是建立在数据的基础上的，基本质是通过数据进行推断。义务教育的重要目标是培养适应现代生活的合格公民，而在以信息和技术为基础的现代社会里，充满着大量的数据，需要人们对它们做出合理的决策。因此，数据分析观念的首要方面是"了解在现实生活中许多问题应当先做调查研究，收集数据，通过分析做出判断，体会数据中蕴含的信息"。

例如，为准备新年联欢会，某班级准备买水果，调查班级同学最喜欢吃的水果，设计购买方案。

说明：借助学生身边的例子，体会数据调查、数据分析对于决策的作用，可以举一反三，教学中可以进行如下设计。

①全班同学讨论决定：购买经费 820 元，可以在限定的金额内考虑学生最喜欢吃的一种或几种水果。

②鼓励学生讨论收集数据的方法。例如：可以采用由一个同学提案，其他同学举手赞同的方法；可以采取填写调查表的方法；可以采用全部提案后，同学轮流在自己同意的盒子里放积木的方法；等等。

③收集并表示数据，参照事先的约定决定购买水果的方案。

要根据学生讨论的实际情况进行灵活处理，购买方案没有对错之分，但要符合最初制定的原则。

在这个例子中不难看出，首先要设计合理的例子，鼓励学生收集数据、整理数据、分析数据，从而做出决策和推断，并在此基础上体会数据蕴含的信息，体会数据分析的价值。

（二）根据问题的背景选择合适的方法

"统计学"是通过数据来推断数据产生的背景，即便是同样的数据，也允许人们根据自己的理解，提出不同的推断方法，得出不同的推断结果。因此，统计学对结果的判断标准是好与坏，从这个意义上说，统计学不仅是一门科学，也是一门艺术。

为了使学生对此有所体会，《标准》提出了数据分析观念第个二方面的内涵："了解同样的数据可以有多种分析的方法，需要根据问题的背景选择合适的方法。"例如：条形统计图有利于直观了解不同高度的学生的人数及其差异；扇形统计图有利于直观了解不同高度的学生占全班学生的比例及其差异；折线统计图有利于直观了解近几年学生身高变化的情况，预测未来身高的变化趋势。因此，学生需要根据问题的背景选择合适的统计图。总之，统计学对结果的判断标准是好与坏，而不是对与错。

（三）通过数据分析体验随机性

数据分析的目的是通过数据来推测产生这些数据的背景，这个背景称为总体。我们假定总体是未知的，我们的目的是通过样本来推断总体，而在调查或者实验之前，我们不可能知道数据的具体取值。也就是说，数据可以取不同的值，并且选取不同值的概率可以是不一样的，这就是数据随机性的由来。

《标准》将"通过数据分析体验随机性"作为数据分析观念内涵的第三个方面。数据的随机性主要有两层含义：一方面，对于同样的事情，每次收集到的数据可能是不同的；另一方面，只要有足够的数据，就可能从中发现规律。例如，袋子中装有一定数量的白球和红球，有放回地摸一个球，重复多次（摸完后将球放回袋子中，摇晃均匀后再摸）。一方面，每次摸出的球的颜色可能是不一样的，事先无法确定；另一方面，有放回地重复摸多次，从摸到的球的颜色的数据中，就能发现一些规律，如红球多还是白球多、红球和白球的比例等。又如，学生记录自己在一个星期内每天上学途中所需要的时间，如果把记录时间精确到分钟，就可以让学生感悟数据的随机性。更进一步，还可以让学生感悟到虽然数据是随机的，但数据较多时具有某种规律，可以从中得到很多信息，如通过一个星期的调查可以知道每天上学"大概"需要多少时间。

数据分析是统计的核心。例如，开一家鞋店需要用到什么样的决策，写

出一个方案。这个时候先做一个调查：能到这个小店里来的人无非就是周边的居民，对他们发一个问卷进行调查，统计一下他们的鞋码，这是数据分析的第一种水平（想到调查研究）。第二种水平就是知道同样的数据可以有多种方法来进行判断，即根据问题的背景，选择合适的判断方法。第三种水平就是体验随机性，即告诉我们杂乱无章的数据背后是有规律的。这就是教师在初中阶段要教给学生的数据分析观念。

第六节 运算能力素养提升的教学解读与设计

运算能力主要是指能够根据法则和运算律正确地进行运算的能力。培养运算能力有助于学生理解运算的算理，寻求合理简洁的运算途径解决问题。在义务教育阶段的数学课程的各个学段中，运算都占有很大比重，学生在学习数学的过程中，要花费较多的时间和精力去学习和掌握关于各种运算的知识及技能。《标准》在学段目标的知识技能部分，对各学段的运算能力分别提出了明确的要求。例如：在第三学段要求学生体验从具体情境中抽象出数学符号的过程，理解有理数、实数、代数式、方程、不等式、函数；掌握必要的运算（包括估算）技能；探索具体问题中的数量关系和变化规律，掌握用代数式、方程、不等式、函数进行表述的方法。

运算不仅是数学课程中"数与代数"的重要内容，而且与"图形与几何""统计与概率""综合与实践"有着密切的联系，是不可或缺的内容。

《标准》所提出的课程目标中的很多方面，如获得四基（基本知识、基本技能、基本思想、基本活动经验），运用数学的思维方式进行思考，增强发现问题、提出问题、分析问题和解决问题的能力等都与运算的学习有关，运算对实现课堂目标发挥着重要的支撑作用。

一、对运算能力的认识

根据一定的数学概念法则和定理，由一些已知量通过计算得出确定结果的过程称为运算。能够按照一定的程序与步骤进行运算，称为运算技能。不

仅会根据法则公式正确地进行运算，而且理解运算的算理，能够根据题目条件寻求正确的运算途径，称为运算能力。

《标准》指出，运算能力主要是指能够根据法则和运算律正确地进行运算的能力。培养运算能力有助于学生理解运算的算理，寻求合理简洁的运算途径解决问题。

运算能力并非一种单一的、孤立的数学能力，而是运算技能与逻辑思维等的有机结合。在实施运算分析和解决问题的过程中，要力求做到善于分析运算条件、探究运算方向、选择运算方法，使运算符合算理，合理简洁。换言之，运算能力不仅是一种数学的操作能力，更是一种数学的思维能力。《标准》在数学思考中提出："建立数感、符号意识和空间观念，初步形成几何直观和运算能力，发展形象思维和抽象思维。"

这说明运算能力是数学思考的重要内涵。不仅如此，运算能力对《标准》在目标中提出的其他三个方面（知识与技能、问题与解决、情感与态度）的目标的整体实现同样是不可缺少的基本条件。

二、运算能力的特征

运算的正确、灵活、合理和简捷是运算能力的主要特征。

为了保证运算的正确，必须正确理解相关的概念、法则、公式和定理等数学知识，掌握实施运算的依据。《标准》在每一学段都对运算提出了相应的要求，并且都是和相关的数学知识一并提出的。

实施运算要不断总结正反两方面的经验教训，逐渐减少在实施运算中思考概念、法则、公式的时间和精力，提高运算的熟练程度，以求运算顺畅，避免失误。

在运算过程中，一题多解和多题一解是十分普遍的，即一般性与特殊性往往同时出现在运算过程中。一题多解的运算体现了运算的灵活性，多题一解的运算体现了运算的普适性。一题多解和多题一解交替出现，相互比较，不断优化，促使学生越来越感悟到实施运算解决问题不仅要正确，而且要灵活、合理、简捷。

《标准》在每个学段的学段目标和课程内容中，都强调了估算，并提出了具体的要求，配备了一定数量的例题。例如，在第三学段应掌握必要的运算，包括估算技能；能用有理数估计一个无理数的大致范围；会利用二次函数的图像求一元二次方程的近似解。估算是重要的运算技能，进行估算需要掌握一定的方法，积累一定的经验，避免出现过大的误差。估算又是运算能力的特征之一，进行估算需要经过符合逻辑的思考，需要有一定的依据，使估算的结果尽量接近实际情境，能对实际问题做出合理的解释。

运算能力的形成不是一蹴而就的，运算能力的发展总是从简单到复杂、从低级到高级、从具体到抽象，有层次地发展起来的。因此，在实际教学过程中，教师既不能让学生的运算能力在已有的水平上停滞不前，也不能超越知识的内容和其他能力水平孤立地发展运算能力。运算能力应该贯穿师生共同参与数学教学活动的全过程，并体现发展的适度性、层次性和阶段性。

①适度性。运算能力需要经过多次反复训练，在这一过程中安排一定数量的练习、完成一定数量的习题是必不可少的。题量过少则训练不足，难以形成技能，更难以形成能力；而题量过多则搞成题海战术，反而适得其反，会使学生产生厌学情绪。目前，学生的课业负担过重，数学课程的作业量过大是导致学生厌学的重要原因之一。把握学习内容的要求，进行适当训练，科学安排，是发展运算能力的要求。

②层次性。安排一定数量的练习，完成一定数量的习题，有助于形成运算能力，但训练的难度一定要适当，要从教学的全局出发，合理调控。义务教育的主要任务是打基础，数学也是如此，训练题要有一定的数量，更要有一定的质量。以二次根式为例，如果没有最简二次根式的概念，没有分母有理化的要求，就会使教学无所适从，既造成学生的困惑，又影响高中阶段的进一步学习。但搞得过分烦琐，则必然会加重学生的负担，浪费时间和精力。

为此，《标准》设计了例题，并在题后的说明中指出，运用二次根式的加减乘除运算法则，进行二次根式的四则运算，根号下仅限于数，不要求进行根号下含字母的二次根式的运算。事实上在高中阶段还会遇到根式的化

简，需要有适当的训练，但如果把这样的题目也安排为训练题，就会过于烦琐，过于强调技巧，增加学生的负担，对日后学习的作用也不大，因此要注重发展运算能力的层次性。

③阶段性。《标准》对运算和运算能力的要求是分学段提出的，每个学段都体现了一定的学段特征，力求符合学生的认知规律。

三、运算能力的培养与发展

运算能力的培养与发展是一个长期的过程，应伴随着数学知识的积累和深化。正确理解相关的数学概念，是逐步形成运算技能、发展运算能力的前提。运算能力的培养与发展，不仅包括运算技能的逐步提高，还应包括运算思维素质的提升和发展。义务教育阶段学生能力的培养和发展要经历如下的过程。

（一）由具体到抽象

学生在第三学段要掌握有理数的加减乘除、乘方及简单的混合运算；掌握合并同类项和去括号的法则，进行简单的整式加减乘除运算；利用乘法公式进行简单的计算；进行简单的分式加减乘除运算；了解二次根式根号下仅限于数的加减乘除运算法则，并会用它们进行相关的简单四则运算；解一元一次方程和可化为一元一次方程的分式方程；掌握代入消元法和加减消元法，解二元一次方程组；用配方法、公式法、因式分解法，解数字系数的一元二次方程；解数字系数的一元一次不等式。

无论是学习和掌握数与式的运算，还是解方程和解不等式的运算，一开始总是和具体事物相联系的，之后逐步脱离具体事物，抽象成数与式、方程与不等式的运算，直至高中阶段进行更为抽象的符号运算，如集合的交、并、补等运算，命题的或、且、非等运算，运算思维的抽象程度是运算能力发展的主要特征之一。

（二）由法则到算理

学习和掌握数与式的运算，解方程和解不等式的运算，在反复操练、相互交流的过程中，不仅会逐步形成运算技能，还会引发对"怎样算？怎样算

得好？为什么要这样算？"等一系列问题的思考，这是由法则到算理的思考，使运算从操作的层面提升到思维的层面，是运算能力发展的重要内容。

第三学段除了"理解有理数的运算律，能用运算律简化运算"外，还进一步强化了算理的内容和要求：在学习方程解法之前，要求"掌握等式的基本性质"；在学习不等式解法之前，要求"掌握不等式的基本性质"。例如，《标准》中的例题：小丽去文具店买铅笔和橡皮，铅笔每支 0.5 元，橡皮每块 0.4 元，小丽带了两元钱，能买几支铅笔，几块橡皮？在此例中不仅给出了详细的解题方案和过程，还指出这是一个求整数解的不等式问题，并且问题是开放的，通过具体计算有助于学生直观理解不等式。

对于初中学生，这个问题是生活常识，但希望学生能通过这个例子，学会用数学的思维方式看待生活中的问题。在一元二次方程的学习内容中，《标准》不仅设置了"能用配方法、公式法、因式分解法解数字系数的一元二次方程"，还增加了"会用一元二次方程根的判别式判别方程是否有实根和两个实根是否相等""了解一元二次方程的根与系数的关系"等内容，这表明学生不仅要学习和掌握一元二次方程的运算方法，更要思考和领悟解一元二次方程的算理。

（三）由常量到变量

函数是第三学段重要的学习内容。函数概念的引入，使运算对象从常量提升到变量。

《标准》中不仅有"能确定简单实际问题中函数自变量的取值范围，并会求出函数值""会利用待定系数法，确定一次函数的表达式""用配方法将数字系数的二次函数表达式化为顶点式的形式，并能由此得到二次函数图像的顶点坐标"等直接进行运算的内容，还包括与运算密切相关的内容，如"能结合图像对简单实际问题中的函数关系进行分析""用适当的函数表示法，刻画简单实际问题中变量之间的关系""结合对函数关系的分析，能对变量的变化情况进行初步讨论""根据一次函数及反比例函数的表达式探索并理解 $k > 0$ 和 $k < 0$ 时，图像的变化情况"。

由常量到变量，表明运算思维产生了新的飞跃，运算能力也发展到一个新的高度。

（四）由单向思维到逆向、多向思维

逆向思维是数学学习的一个特点。第三学段增加了乘方与开方的互逆关系。运算也是一种推理，在实施运算分析和解决问题的过程中，"由因导果"和"执果索因"的推理模式也是经常用到的，表现为有效探索运算的条件与结论，已知与未知的相互联系及相互转化，思维方向是互逆的，更是相辅相成的。

在实施运算的过程中，还会遇到多因素的情况，各个因素互相联系，互相制约，又相辅相成，更加需要不同的思维方向、不同的解题思路和不同的解题方法，通过比较加以择优选用，这是运算思维达到一个新的高度的重要标志，是运算能力的培养与发展的高级阶段。

由于思维定式的消极作用，逆向思维和多向思维的难度较大，在实施运算的过程中对分析运算条件、探究运算方向、选择运算方法、设计运算程序等各个环节，都要引导学生进行周密的思考，力求使运算符合算理，达到正确熟练、灵活多样、合理简捷，实现运算思维的优化及运算能力的逐步提高。

第七节 推理能力素养提升的教学解读与设计

推理在数学中具有重要的地位。《标准》指出"推理是数学的基本思维方式，也是人们学习和生活中经常使用的思维方式"。学习数学就是要学习推理，具有一定的推理能力是培养学生数学素养的重要内容，也是数学课程和课堂教学的重要目标。

一、对数学推理的认识

数学推理与命题直接相关。在数学中，我们随时会对思维对象做出一种断定，如 $\sqrt{2}$ 是无理数、$\triangle ABC$ 不是等腰三角形。我们把这种对客观事物肯定或否定的思维形式叫作判断。判断作为一种思维形式，与表示它的语句有

密切关系。在数学中，表示判断的语句称为命题。而数学推理则是以一个或几个数学命题推出另一个未知命题的思维形式，这是对数学推理基于形式逻辑角度的解释。从数学内部看，数学推理反映的是一种基本的数学思想，也是一种重要的数学方法，它与数学证明紧密联系。数学推理与数学证明共同构成了数学的最重要的基础。

（一）合情推理与演绎推理

推理能力在数学中属于数学思考的一种。因此，《标准》在数学思考目标中做出了明确的要求："要发展合情推理和演绎推理能力。"合情推理是数学家乔治·波利亚（George Polya）对归纳推理、类比推理等或然性推理（推理的结论不一定成立的推理）的特称。

归纳推理是以个别或特殊的知识为前提，以推出一般性知识为结论的推理。从特殊到一般，按照考虑的对象是否完全，又分为完全归纳推理和不完全归纳推理。由于完全归纳推理考查了推理前提中所有的对象和任务，所以结论一定成立，因此完全归纳推理不是或然性推理，而是必然性推理。合情推理中的归纳推理一般指不完全归纳推理。

类比推理是由两个或两类思考对象在某些属性上的相同或相似，推出它所在的另一个属性也相同或相似的一种推理，它是从特殊到特殊的推理。例如：由分数类比分式，由分数基本性质得到分式基本性质；由二维空间的三角形类比三维空间的四面体；由二维空间的勾股定理得到三维空间的勾股定理。类比推理也是一种或然性推理。

演绎推理是重要的事实，包括定义、公理、定理等，从确定的规则出发得到某个具体结论的推理，它是必然性推理，即只要推理前提为真，得到的结论一定为真，是从一般到特殊的推理，它的基本形式是三段论。

（二）合情推理与演绎推理功能不同，相辅相成

波利亚很早就注意到数学有两个侧面，"用欧几里得方式提出来的数学是一门系统性的演绎科学，但在创造过程中的数学却是实验性的归纳科学"。

用合情推理获得结论，用演绎推理验证猜想、证明结论，正如《标准》中指出的"两种推理功能不同，相辅相成"。

在数学学习过程中，我们经常会遇到同时采用两种方式解决问题的情形，如探索过圆外一点所画的圆的两条切线的长有什么关系的问题。

在教学中，教师可以引导学生经历以下过程。

1. 发现结论

在透明纸上画出如图2-6所示的图，设PA、PB是圆O的两条切线，A、B是切点，让学生操作，沿直线OP将图形对折，启发学生思考，或者组织学生交流，学生可以发现：$PA=PB$、$\angle APO=\angle BPO$。

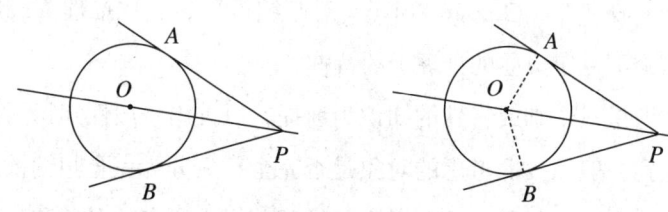

图2-6 问题图

这是通过实例发现图形性质的过程，启发学生由特殊到一般，通过合情推理，推测出切线长定理的结论。

2. 证明结论的正确性

如图2-6所示，连接OA、OB，因为PA、PB是圆O的两条切线，则$\angle PAO=\angle PBO=90°$，也就是$\triangle PAO$与$\triangle PBO$均为直角三角形，又因为$OA=OB$、$OP=OP$，所以$\triangle PAO$与$\triangle PBO$全等，于是$PA=PB$、$\angle APO=\angle BPO$。

这是通过演绎推理证明图形性质的过程。

由此可见，合情推理与演绎推理是相辅相成的两种推理形式，都是研究图形性质的有效工具。

在传统数学教学中，往往重演绎轻归纳、类比，只满足于证明现成的结论，学生很少经历探索结论、提出猜想的活动过程。而在数学中，发现结论往往比证明结论更重要，《标准》提出的培养合情推理能力，为培养学生的创新意识提供了支撑。

三、关于学生推理能力的培养

义务教育阶段对学生推理能力的培养是内容学习和目标达成的一条主线，也是一个逐渐提升的长期过程，教师在教学中应从以下几个方面加以注意。

（一）推理能力的发展应贯穿整个数学学习过程

"推理能力的发展应贯穿整个数学学习过程"是《标准》中提出的非常明确的要求。"贯穿整个数学学习过程"的含义：其一，它应贯穿整个数学课程的各个学习内容，应该包括数与代数、图形与几何、统计与概率，以及综合与实践等所有领域。其二，它应贯穿数学课堂教学的各种活动过程。例如：在概念教学中，让学生经历从特定对象的本质属性入手抽象概括形成概念的过程，并引导学生有条理地表述概念定义；在命题教学中引导学生分清条件、结论，把握条件、结论间的逻辑关系；在证明教学中，更要让学生遵循证明规则，通过数学推理证明数学结论。其三，它应贯穿整个学习环节，如预习、复习、课堂教学、练习测试，在所有这些学习环节中要求学生逐步做到言必有据、合乎逻辑。当然，贯穿整个学习过程也意味着推理能力的培养应贯穿三个学段，循序渐进、合理安排。

（二）通过多样化的活动培养学生的推理能力

反思传统教学对学生推理能力的培养，往往被认为是加强逻辑中的训练，主要的形式就是通过习题演练以掌握更多的证明技巧。显然这样的认识是有局限性的，《标准》强调通过多样化的活动来培养学生的推理能力。比如，第三学段"在多种形式的数学活动中发展合情推理能力"。教师也应认真体会《标准》的要求，针对推理能力的培养，在课堂中开拓出更加有效、多元化的活动途径。

（三）使学生多经历"猜想证明"的问题探索过程

在"猜想证明"的问题探索过程中，学生能亲身经历用合情推理发现结论，用演绎推理证明结论的完整推理过程，在过程中感悟数学基本思想，积

累数学基本活动经验，这对于学生数学素养的提升极为有利。教师要善于加工素材，引导学生多经历这样的活动。

例如，引导学生发现如下的运算规律：

$$15 \times 15 = 1 \times 2 \times 100 + 25 = 225$$
$$25 \times 25 = 2 \times 3 \times 100 + 25 = 625$$
$$35 \times 35 = 3 \times 4 \times 100 + 25 = 1225$$
$$\cdots\cdots$$

观察后，引导学生思考是否有一般性的结论。可以猜想，如果用字母 a 代表一个正整数则有如下的结论：

$$(a \times 10 + 5)^2 = a(a+1) \times 100 + 25$$

但这样的猜测是正确的吗？需要给出证明：

$$(a \times 10 + 5)^2 = a^2 \times 100 + 2a \times 10 \times 5 + 25 = a(a+1) \times 100 + 25$$

这是一个由具体数值计算到符号公式表达、由特殊到一般的过程。可以让学生自己感悟，有些问题可以通过具体问题得出结论，然后通过一般性证明来验证自己所发现的结论，这就是数学推理带给我们的乐趣。

第八节　模型思想素养提升的教学解读与设计

《标准》提出，模型思想作为一种基本的数学思想，与目标、内容紧密关联，作为一线教师，我们应该准确理解《标准》中的模型思想的含义及要求，并把它落实在课堂教学之中。

一、对数学模型的认识

所谓数学模型，就是根据特定的研究目的，采用形式化的数学语言，抽象地、概括地表征所研究对象的主要特征、关系所形成的一种数学结构。在义务教育阶段，用字母、数字及其他数学符号建立起来的代数式、关系式、方程、函数、不等式，以及各种图表、图形等都是数学模型。

这种结构的主要特点是，经过抽象舍去对象的一些非本质属性后所形成

的一种纯数学的关系结构,这种结构是借助数学符号来表示并能进行数学推演的结构。对于数学模型,可以从两个层次去理解:广义的理解是把那些凡是针对客观对象,加以一级或多级抽象所得到的形式结构都视为客观对象的模型;狭义的理解是指针对特定现实问题或具体实物对象进行数学抽象所得到的数学模型。在中小学阶段数学中的模型一般指后者。

数学建模就是通过建立模型的方法来求得问题、解决问题的数学活动过程,这一过程的步骤如图 2-7 所示。

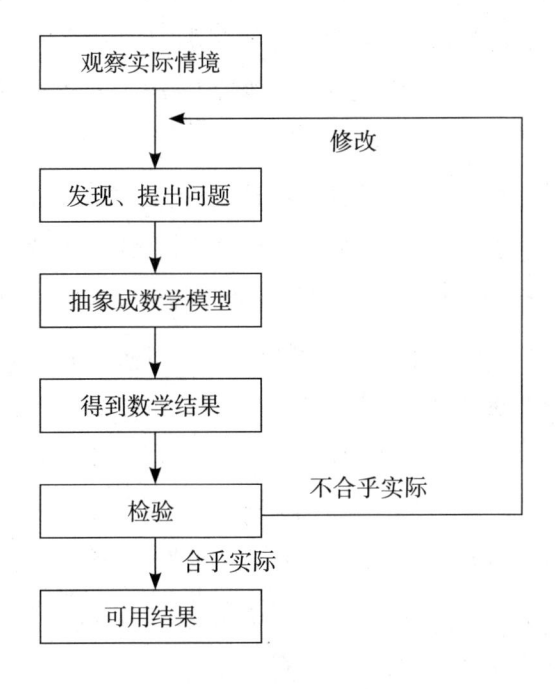

图 2-7　数学建模的步骤

在上述步骤中,最重要的是抽象成数学模型这一步骤,这些步骤反映的是一个相对严格的数学建模过程。在义务教育阶段,特别是小学阶段的数学建模,应视具体课程内容的要求,不一定完全经历所有的环节,但要有一个逐步提高的过程。

二、模型思想的含义及要求

（一）模型思想是一种数学基本思想

《标准》将数学基本思想作为十大核心概念之一提出，必然会引出这样的问题：数学基本思想主要是指哪些思想？史宁中教授在《数学思想概论》中提出这样的观点："数学发展所依赖的思想，在本质上有三个：抽象、推理、模型，通过抽象在现实生活中得到数学的概念和运算法则，通过推理得到数学的发展，然后通过模型建立数学与外部世界的联系。"这个观点从数学产生、数学内部发展、数学外部关联三个维度上概括了对数学发展影响最大的三个重要思想。

作为中小学课程中的模型思想，应该在数学本质意义上给学生以感悟，以形成正确的数学态度。正因如此，《标准》指出，"模型思想的建立，是学生体会和理解数学与外部世界联系的基本途径"。它明确地表述了这样的意义：建立模型思想的本质，就是使学生体会和理解数学与外部世界的联系，而且它也是实现上述目的的基本途径。

数学与外部世界的联系是数学发展到今天，其在自身的舞台上最精彩的表演。今日的数学已经突破了传统的应用范围，向人类几乎所有的知识领域渗透，而各门科学向着"数学化"发展，也成为当今科技发展的一个重要趋势。这里的"渗透""数学化"说到底就是数学模型的运用，作为基础教育的数学不能不关注数学发展的这一特点。

从当前各国的课程改革来看，利用数学建模来建立数学与外部世界的联系成为共同关注点，如美国课程标准将"数学联系"作为重要目标，"认识到并将数学应用于数学以外的情境中"是数学联系的主要内涵，美国课程标准还强调，各种水平的数学学习应包括有机会解决在数学以外的情境中产生的问题，既可与其他学科相联系，又可与学生的日常生活相联系。

在加强数学与外界的联系方面，《标准》在总目标中也明确提出，"体会数学知识之间、数学与其他学科之间、数学与生活之间的联系"。

（二）关于建立和求解模型的过程要求

《标准》将建立和求解模型的过程简化为三个环节：首先，从现实生活或具体情境中抽象出数学问题，这说明发现问题和提出问题是数学建模的起点。其次，用数学符号建立方程、不等式、函数等表示数学问题的数量关系和变化规律。在这一步中，学生要通过观察、分析、概括、抽象、选择、判断等数学活动完成模型抽象，得到模型，这是建模最重要的一个环节。最后，通过模型求出结果，并用此结果解释、讨论它在现实问题中的意义。显然，数学建模过程可以使学生在多方面得到培养，不只是知识技能，更有思想方法，也有一些经验积累，其情感态度也会得到培养。

（三）模型思想体现在《标准》的许多方面

《标准》有如下提法，"经历数与代数的抽象、运算与建模的过程""通过用代数式、方程、不等式、函数等表述数量关系的过程，体会模型的思想""体会方程是刻画现实世界数量关系的有效模型""结合实际情境，经历设计解决具体问题的方案，并加以实施的过程，体验建立模型解决问题的过程"。除此之外，在教学实施、教材编写、评价的各部分中都有关于模型思想的具体要求，教师在日常教学中要注意这一点。

三、模型思想的培养

模型思想的建立是学生体会和理解数学与外部世界联系的基本途径，建立和求解模型的过程，包括从现实生活或具体情境中抽象出数学问题，用数学符号建立方程、不等式、函数等表示数学问题中的数量关系和变化规律，求出结果并讨论结果的意义，这些内容的学习有助于学生初步形成模型思想，提高学习数学的兴趣和应用意识。

模型思想需要教师在教学中逐步渗透和引导学生不断感悟，使学生经历问题情境、建立模型、求解验证等数学活动，进而改善学习方式。

第三章 初中数学应用和创新意识素养提升的教学解读与设计

第一节 初中数学应用意识的解读与设计

一、数学应用意识素养的内涵与课标解读

数学应用意识作为一种特殊的数学意识，反映的是人们主动从数学的视角，用数学的内容、思想、方法、观念等，感知、表达、描述、理解和解决与数学有关的各种问题的心理倾向。《标准》对数学应用意识的界定是数学应用意识有两个方面的含义：一方面，有意识地利用数学的概念、原理和方法解释现实世界中的现象，解决现实世界中的问题；另一方面，认识到现实生活中蕴含着大量与数量和图形有关的问题，这些问题可以抽象成数学问题，用数学的方法予以解决。在整个数学教育的过程中，教师都应该培养学生的数学应用意识，综合实践活动是培养数学应用意识很好的载体。培养学生的数学应用意识，应围绕着发现问题、提出问题、分析问题、解决问题而展开，同时数学应用意识本身就是问题意识、数学化意识和分析问题能力等多方面的综合体现。在数学教学和对学生进行数学学习指导的过程中，教师应该重视介绍数学知识的来龙去脉，让学生运用数学语言去描述周围世界出现的数学现象，鼓励和支持学生在"面对实际问题时，能主动尝试着从数学的角度运用所学知识和方法寻求解决问题的策略"，应该帮助学生形成一个开阔的视野，了解数学对于人类发展的价值，特别是它的应用价值，学生要有知识更要有见识。

二、提高初中生数学内部应用意识的教学策略

（一）强化基本概念关联的教学

数学的各个概念并不是一座孤岛，而是一个整体，概念与概念之间有着一定的联系。注重概念之间的联系及原理之间的联系，会使学生对概念的相关知识有更深层次的理解，我们学习的数学概念是螺旋上升的。数学家杰罗姆·布鲁纳（Jerome Bruner）认为，要想学会数学的基本理论与方法，必须注意知识迁移，这就是教育的核心要求说。例如：理解坐标轴的概念时，需要将其建立在数轴的概念之上；掌握了整式方程的概念才能深层次地学习分式方程的概念。教师在平时的教学中，要引导学生加强基本概念的关联，最好引导学生根据已学习的数学概念，主动总结出新知识的概念。例如，教师在引入立方根的概念之前，让学生们通过上节课学习的平方根的概念，试着归纳一下立方根的概念，然后再进行纠正与补充，这样学生会对立方根的概念理解得更加深刻。这对于培养学生的类比推理能力、归纳总结能力都十分有帮助，能够进一步提高学生的数学内部应用意识。

（二）强调知识之间的内在联系

我们已经认识到知识不是独立单一的，要建立整体、系统的知识体系，从而达到强化数学内部之间的联系的目的。为了建立知识体系，我们必须对知识点有具体的了解，找到知识所对应的认知水平，逐步形成一个点、线、面的知识体系。教师应培养学生在脑海中形成这样的知识体系，并找到知识与知识之间的联系。掌握知识与知识之间的相互关系对学生提高数学能力有着重要的影响。例如：在证明三角形内角和为180°时，教师引导学生积极回顾已有的知识，用已有的知识来证明，可以通过做辅助线的方法，利用平行线的性质及平角是180°来证明三角形的内角和；在证明勾股定理时，也是通过我们学习过的面积割补法，通过图形的面积推导得出；在证明三角形中位线的性质时，是通过平行四边形的性质证明得出的。数学中类似的例子有很多，每一部分数学知识都与其他的数学知识有着不可分割的联系。教师

在平时的教学过程中，要注重培养学生灵活应用已有的数学知识去证明、探索新的数学知识，学生会慢慢意识到，其实数学的知识之间不是毫无关联的，这对于提高学生学习数学的兴趣有一定的帮助。

（三）完善学生的认知结构

在平时的互动教学活动中，教师和学生往往都忽略了把新学习的知识融入已有的知识体系中，为了让学生更深入地了解他们所学的内容，教师必须将新知识与现有内容统一起来，形成一个知识网络。在学习相关的、类似的知识时，学生只有找到联系与区别，才能更好地联想和区分，不会出现混淆的状况。例如，在学习函数部分时，由于学生学习了正比例函数、一次函数、二次函数、反比例函数，他们的数学知识正在向上发展，可以通过建立思维导图或者是知识框图的方式，使他们更深入地掌握各类函数的特点，这样才能在实际问题中，准确地确定函数模型，从而解决问题。在学习图形部分时，学生们学习了平行四边形、矩形、菱形、正方形等相关的概念、判定及性质，内容繁多且易混淆，教师可以通过引导学生制作思维导图，区分每一类图形的特点，找到其中的联系，帮助学生更好地区分与联系，从而提高学生的数学内部应用意识。

三、提高初中生数学外部应用意识的教学策略

（一）深入挖掘教材，发挥教材优势

随着当今社会的发展，初中生的数学外部应用意识正在逐步提高，在新课改中也明确提出了此项要求。教科书当中的习题在经过课改之后，已经有所改善，添加了很多与实际生活息息相关的案例，强调培养学生的数学外部应用意识在教材中有所体现。在章节序言部分，每一章都引入了与实际生活相关的内容，让学生们了解要学习的数学知识的相关背景，也意识到学习数学的价值，通过提高学生的学习兴趣，使学生的数学应用意识也得到提高。例如，人教版数学教材九年级第二十五章"概率初步"的章节序言就引入了

我们生活中的天气问题，通过"天有不测风云""天气预报说明天降水概率为 90 %"，使学生了解到概率在我们生活中是广泛应用的，调动学生们的学习积极性。在新知识的引入部分，教材也十分注重从生活中引入，拉近学生与所学知识的距离，给学生们直观的印象，从直观到抽象。例如，九年级数学的二十四章中"圆"的部分，就是从生活中见到的圆的图形引入，如摩天轮、自行车的车轮、月亮、呼啦圈等，让学生明白知识来自生活，并不觉得数学遥不可及，从而提高了学生的数学外部应用意识。在习题编排的部分，有很多以实际生活为背景的案例或者与其他学科相关的习题，加强了数学学科与实际生活的联系、与其他学科的联系。例如，"概率初步"部分的习题，就包含了单词的元音辅音、转盘、抽取扑克纸牌、掷骰子、同学之间剪刀石头布的游戏等，这些都与生活密切相关。教材还加入了阅读与思考、实验与探究、数学活动、观察与猜想等系列教学活动，教师常常没有认识到这一部分的作用。教师应充分利用教材，帮助学生从生活中认识数学，从而提高学生的数学外部应用意识。

（二）开展数学实践活动，培养学生应用能力

在教学过程中，如果学校能够积极支持教师开展教学实践活动和数学建模活动，让学生思考数学和使用数学，必然会对学生提高数学应用意识产生积极影响。学生们对生活中的超市促销问题、购买方案问题、彩票中奖问题都很感兴趣，如果学校推行这样的教育活动，教师再利用现实条件，从基础出发创建建模主题，将会使学生发现数学的乐趣。近些年被推行的课题学习也很受学生欢迎，使学生有参与感，体验使用数学的快乐。所谓听的不如看的，只有自身亲身体会，才会印象深刻。

例如，在人教版数学教材九年级数学第二十三章的"旋转"一章中，我们可以安排以下教学活动。带领学生一起做实验，准备花模板，选择一个花心点，围绕这一点旋转，每隔一段时间做相应的花瓣，并重复活动得到一朵花。还可以继续进行小组合作，一同画几朵花，经过几次旋转，测量每次的旋转角为多少度。在数学活动的过程中，学生既体验到了乐趣，又掌握了新的数

学知识。教材提供了很多教学活动，例如：在教学"圆"一章时让学生们设计跑道；在教学"概率初步"一章时探究键盘上字母的排列规律；在数学"二次函数"一章时推测植物生长速度与温度的关系；在教学"投影与视图"一章时制作立体模型。这些课题学习内容表面看没有讲解数学的知识，但其实是把数学知识巧妙地融合在其中，不仅能够培养学生的小组合作能力、动手实践能力，而且使学生的数学应用意识得到了提升。在参与数学实践活动的过程中，学生会因为亲身参与而印象深刻，对于形成数学应用意识十分有效。

（三）改变教师观念，提高综合素质

教师如果在两方面做得不好，就会影响学生的数学应用意识：一是教师自身对数学应用意识的重视程度不够；二是教师的自身综合素质不够。

教师应该摆脱中考成绩带来的压力，转变教学观念，在教学过程中，不能一味地追求结果，忽略知识的产生，以至于学生们最常出现的问题就是只知道三角形的内角和是180°，却不知道为什么是180°。这样的现象十分可怕，不知道知识如何产生，应用意识自然很弱，教师应该消除所有的困难，并以数学应用为目的教授数学知识。引入的新知识可以与学生们的日常生活相联系，也可以结合教具，让学生感到数学是真实的，而不是一个无法进入的抽象世界。例如，在引入勾股定理时，让学生们量出班级门的尺寸，再拿一个已知尺寸的长方形薄木板，判断能否从门框内通过，为什么，并让学生们亲身试验，如何才能通过。在此过程中，学生们积极思考并体验数学应用。

在教学活动中，教师的作用非常重要。教师只有培养自身的数学应用意识、数学应用能力，才能促进学生数学应用意识的形成。部分教师的自身综合素质不是很高，大学或者中专毕业后长期任教，只局限于试卷答题技巧、答题策略的研究，对于新时代的发展没有接触也没有学习。在实际生活中，没有发现数学的眼睛，捕捉数学与生活之间的联系并不是非常敏感，导致形成一种陈旧乏味的课堂教学。因此，教师要保持终身学习的信念，要注重提高自身的素质，主动了解数学在生活中的应用价值，积极使用数学方法解决问题，积极拓宽知识面。

（四）注重学生数学语言教学，提高阅读能力

学习各个学科都需要以语言为载体，学生无法理解数学语言，自然无法厘清其中的逻辑关系。数学中的应用题文字较多，教师要注重引导学生分析。在一堆文字中准确地分析出哪些是我们需要的条件，逐步提高学生的阅读理解能力，让学生不再害怕、讨厌数学问题，巧妙地提高学生的数学应用意识。学生理解和阅读数学语言的能力将影响学生的数学应用能力。胡理华认为，"数学阅读能力是指准确理解原文，较快的阅读速度，提出问题、分析问题、解决问题的能力"。学生通常会忽略数学阅读，教师应注重学生的数学语言教学，提高学生的阅读能力，进而提高其数学应用意识。

（五）建立合理完善的评价体系

教学评价深刻影响着教学成果。参考中考历年试卷，大多数试题都是考查知识的技巧性，很少联系生活实际，总是强调实用性。如果教师在教学中讲得越多，学生就会思考得越少，那么教学必将缺乏发展的后劲和活力，评价的目的就走样了。

教师对单一型评价体系有很大压力，社会、学校和家长仅凭考试成绩就评价一个数学教师是否优秀也是很片面的，所以我们要有一个完善的、被广大社会认可的评价体系，不仅关注评价结果，还关注评价过程。在平时的学习活动中，除了要考查期末成绩，还要定性与定量相结合，要结合平常上课表现，参加数学实践活动的情况，是否愿意思考、善于帮助同学等。同时要注重公正评价，教师不能带"有色眼镜"去评价学生，偏爱成绩优秀的学生，要切实公正地评价每一个学生的每一方面。在评价的内容中，要智力与非智力并存。评价还应该包括很多方面，并结合教师、学校、家长和学生自身的评价。

因此，为了培养和提高学生的数学应用意识，必须改进以前不合理的教育评价机制，建立公平、合理、开放、民主的教育评价机制，让学生能够真正地得到各方面的评价，能使学生在这样的评价机制下全面发展。

《标准》明确规定，培养学生的应用意识是数学教育的重要目标之一。

初中生正处于学习的关键时期,数学应用意识的培养迫在眉睫。

综合研究表明,初中生的数学应用意识有待提高。结合数据分析,发现学校、教师、学生自身和评价体系都会影响学生的数学应用意识和能力。学校的影响在于是否注重培养学生的数学应用意识,是否开展相关活动,是否要求教师只关注成绩。教师薄弱的数学应用意识直接影响学生,教师应重视培养学生的数学应用意识和综合素质水平。当然,学生自身缺乏观察生活的能力也是一个原因,他们对生活中的现象感到麻木,认为数学是冰冷而抽象的。其实只要我们在遇到任何实际情境时,主动从数学的角度出发,在学习数学知识的过程中,积极结合生活的实际背景,就会逐步提高数学应用的意识。在评价体系方面,必须建立公平、合理、开放、民主的教育评价机制,让学生能够真正得到各方面的评价,使学生在这样的评价机制下全面发展。

针对这些问题,笔者对培养学生数学内部及外部的应用意识提出了策略。第一部分为提高数学内部应用意识的策略,包括强化基本概念原理的教学、强调知识之间的内在联系,以及完善学生的认知结构。第二部分从学校、教科书、教师、学生、评价体系五个方面对数学应用意识教学提出了相应的策略,为提高数学外部应用意识的策略,包括深入挖掘教材、发挥教材优势,开展数学实践活动、培养学生应用能力,改变教师观念、提高综合素质,注重学生数学语言教学、提高阅读能力,建立合理完善的评价体系。教师要从多方面着手,全面提高初中学生的数学应用意识。笔者希望能有更多的学者研究如何更好地实施培养策略。

四、初中数学应用意识素养提升设计

应用意识素养的提升,需要在日常教学实践中长期渗透、全程贯穿、重视实践、双向互化。

(一)长期渗透

应用意识的培养是一个长期渗透的过程,要在日常教学的积累中久久为功。一方面,带领学生,在每一节教学课中"亲近数学、体验数学、感悟数

学"，激活学生的主观能动性，从课程总目标的"问题解决"角度思考其渗透培养的载体和方式，训练数学应用能力，增强数学应用意识；另一方面，站在初中数学的"中观"层面，整体把握数学课程核心知识，沿着其内在发展的逻辑重点落实应用能力的训练，增强应用意识。

（二）全程贯穿

"利用数学知识解释生活现象"是"应用意识"的关键内涵，生活现象中数学元素（数量关系和空间形式）的隐蔽性，导致应用数学意识培养的欠缺。正如曹培英先生所说："在平常的教学活动中，学生利用数学知识解决实际问题得到了教师的重视，而对于利用数学知识解释生活现象，教师的引导明显不够。"

这就需要教师在学习的全过程中，在课堂学习的每个环节中，带领学生深切感受数学与现实的密切联系。基于学生生活现实、数学现实和其他学科现实提供真实情境，引导学生从数学的角度发现问题和提出问题；在情境探究中，经历从数学角度解释生活现象的过程，用数学的眼光观察世界。

在探索活动中，除了带领学生经历探究、操作、归纳、概括、猜想、思考、推理、抽象、反思等数学过程，还可以适时、适当地介绍数学自身的历史、推动其他学科发展的历史、推动社会进步的历史，然后用数学的概念、原理和方法解释这些现象，帮助学生体验知识构建的过程，丰富问题解决的策略，体验数学知识的价值，形成和增强数学应用意识。

在进行例题教学时，除了从学生的数学现实中选择，还可以选择其他学科现实中的现象或问题。或者，设计现实化情境的例题，将纯粹的数学知识转化为贴近学生的具体问题，展现用数学解决具体的过程。当学生感觉数学就在身边的时候，数学应用意识自然就出现了。

在布置作业时，要丰富作业形式，设计实践作业，为学生提供实践应用的机会，引导学生利用所学数学知识解释生活现象、解决生活问题和感悟数学应用意识。

（三）重视实践

应用意识的效果最终体现为学生解决问题的实践能力，为学生创造应用数学解决实际问题的实践条件和机会，使学生立足现实寻求最恰当的解决方案，锻炼实践能力。一方面，教师在深入解读教材的基础上，从中发掘具有探究价值的内容，精心设计课堂教学过程和课后作业中的实践活动，带领学生"做中学"；另一方面，在一章的某个单元模块结束、整章结束或者全书结束后，从整体视角设计、选择或提出问题，组织学生围绕问题展开自主与合作的实践过程，多方探索问题解决的办法，锻炼学生的应用能力。

（四）双向互化

应用意识培养的基本途径是处理好数学知识现实化与现实问题数学化之间的关系。现实中，不少学生解纯粹数学题的能力强，解应用数学题的能力弱，无法实现数学知识和思维方法向实际问题的灵活迁移。这和两类现象分不开：一是过分倚重学生的生活现实、忽视数学现实的现象；二是过分局限纯粹的数学解题、忽视数学应用的现象。

事实上，数学知识的产生往往既有现实的需要又有自身的发展，在学生的"生活现实""数学现实""其他学科现实"中合理取舍或综合设计，体验数学知识生长的自然性、优越性和必要性，对于培养学生应用意识同等重要。

所以，教师不仅要引导学生关注生活中蕴含的数学信息和数学问题，经历现实问题数学化，还需引导学生主动将书本知识应用到实际问题的解决中去，经历数学知识现实化，培养学生解决具体实际问题的有效策略和能力。

第二节　初中数学创新意识的解读与设计

一、创新意识素养的内涵与课标解读

《标准》指出，"创新意识的培养是现代数学教育的基本任务，应体现在数学教与学的过程中""创新意识的培养应该从义务教育阶段做起，贯穿数学教育的始终"。在初中，培养学生的创新意识素养，不仅是必要的，而且是可行的。与此同时，创新意识素养的核心成分在于好奇心、求知欲，在于归纳推理的意识和能力，在于探究的意识和能力。培养学生的创新意识素养，必须在过程的教育之中，而过程的教育不仅仅是在授课时要讲解或让学生经历知识产生的过程，以及知识的呈现方式，而且要注重学生探究的过程。正如《标准》指出的："学生自己发现和提出问题是创新的基础；独立思考、学会思考是创新的核心；归纳概括得到猜想和规律，并加以验证，是创新的重要方法。"在初中数学课程教学中培养学生的创新意识，必须从动机、意识方法等诸多方面进行专门培养。在教学中，教师要培养学生善于归纳概括得到猜想和规律，并加以验证的能力，不断激发学生的创造欲。教师要关注学生合情推理能力的系统培养，根据数学学科特点选择应用探究式教学，加大探究力度，提高学生发现问题、提出问题的能力，细化数学探究内容。此外，在课堂教学中，培养学生的创新意识素养，不仅需要充分利用教科书中的情境素材，也需要最大限度地利用课堂资源。同时，提高教师对于创新意识素养的认识水平和教育教学水平也非常重要。

二、初中生数学创新意识的培养策略

（一）营造轻松的教学氛围，激发学生的创新意识

在传统的初中数学教学中，受应试教育的影响，教师总是用学生的成绩来做评判标准，对学生的要求较高。然而，由于初中生年龄尚小，想要让他们把目光从更有趣的事物转到学习上，就必须借助外力去强制牵引学生。一部分教师依然抱着"严师出高徒"的传统教学理念，在教学中对学生的要求过于严厉，而这么做的后果无疑是给学生带来极大的学习压力和精神压力。在这种高压状态下，学生只能按照教师所要求的方式进行学习，很难培养创新意识。

在教学中，有一些教师的课堂教学活动深受学生欢迎，在这些教师所进

行的课堂教学活动中，学生所表现出的活跃性远远高于其他教师的教学活动，学生思维更为活跃，看起来比在其他教师的教学活动中表现得更有"灵性"。产生这种现象的根本原因在于这些教师和学生和谐相处，师生关系不像传统教育中的"上下级"关系，而是平等的关系，在这种环境下，学生更容易放松心态进行学习，从而激发学生潜在的创新意识。

因此，在初中数学教学中，要想有效培养学生的创新意识，教师应与学生共建和谐的师生关系，为学生营造轻松的学习氛围，将学生的创新意识激发出来。

（二）借助趣味课堂，强化学生的创新意识

在传统初中数学教学中，为了确保每一个学生都能尽可能地掌握数学知识，从而在考试中取得优异的成绩，教师多采取灌输式教学方式，而这种应试教学方式容易使学生感到乏味、无趣，缺乏积极性的他们很难积极主动地参与到教学活动中，在自主思考方面也会变得"懒散"，激发起的创新意识很可能被消耗殆尽。因此，在初中数学教学中，为了强化学生的创新意识，教师必须提高课堂教学的趣味性，充分调动学生的学习积极性，提高学生的活跃度，继而达到强化学生创新意识的目的。

初中生对新鲜、有趣事物有着浓厚的兴趣，但相应的自控力依旧薄弱，而这也正是初中生经常会出现沉迷于某种事物的根本原因。面对学生沉迷于学习外事物的问题，教师与家长大多采取"堵"的方式，这对于进入叛逆期的初中生来说无疑是火上浇油，会激起他们的反抗心理，使情况变得更加复杂。所以在这个时候，教师不妨转变思路，提高课堂教学的趣味性，去吸引学生，利用"疏"的方式将学生的注意力带到学习中，从而更有效地强化学生的创新意识。

例如，在几何图形的教学中，教师可以鼓励学生多动手进行操作。对于由多种不同几何图形组合起来的物体，用拆解的方式能够使学生更加直观地了解物体的结构；而对于单一的立方体，则可以通过展开的方式更为细致地了解立方体的结构。这不但能够加深学生对知识的理解，还能强化学生的动

手能力和创新意识。又如,除了日常教学,教师也可以为学生安排类似知识竞赛的游戏,让学生在相互竞争中产生紧迫感,从而促进学生思维的灵活性,强化学生的创新意识。

(三)通过鼓励、赞赏等方式巩固学生的创新意识

众所周知,鼓励、认可等形式往往给人带来意想不到的力量。在日常生活中,即便是成年人也经常会期待来自朋友、亲人的认可,更不用提比成年人更重视荣耀感的未成年人了。实际上部分初中生之所以会在日常学习中调皮捣蛋,不愿意接受教师的教育,在很大程度上是因为他们想要得到来自家长或教师的关注和认可,而一旦得到了认可或赞赏,他们就会给予相应的回应,在其他方面也就更加配合家长或教师。

在初中数学教学中,为了巩固学生的创新意识,教师必须给予学生足够的关注、鼓励和赞赏,让学生感受到自己的成长时刻被教师关注着,在无形中给予学生力量,以巩固学生的创新意识。

随着新课程理念的不断发展与深入,初中数学已经不再只是教授学生知识的学科,而是在教授知识的同时培养学生各方面的意识与能力,以确保学生能够得到全面发展,确保学生能够成长为国家所需要的人才。尤其是对学生创新意识的培养,更是关乎着祖国未来的长远发展,而这也正是初中数学教师所肩负的责任。

三、初中数学创新意识素养提升设计

(一)培养创新意识素养的基础:引导学生主动提出问题

"问题是数学的心脏",教师要对学生在教学中提出问题的行为给予支持与赞许,鼓励学生发现问题、敢于质疑,使课堂变成充满问题与探究的场所。每个数学问题都会伴随其解答过程。评价学生提出的问题有无深度,不能仅以问题解答的难易程度为唯一依据,还应看问题有否现实意义、解答过程有否蕴含数学思想方法、能否灵活运用已学知识等。

1. 创设问题情境，启发学生提出问题

要在数学课堂上创设适合学生的情境，在学生的求知心理与问题之间设置悬念，引导学生能多方位、多视角地发现与研究问题，经历创造性的活动体验。教师应及时调整，鼓励学生探究，允许失误，提倡多问。

【案例】如图3-1，在△ABC中，∠A＝60°、AB＝40 cm、AC＝60 cm。点P、Q分别是AB、AC上的两个动点，点P以2 cm/s的速度由点B向点A运动，点Q以3 cm/s的速度由点A向点C运动，若点P、Q同时出发，且运动的时间为t，你能提出哪些问题？

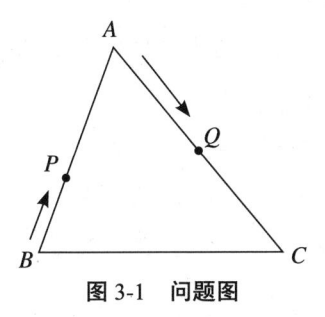

图3-1 问题图

学生可从△APQ的形状、△APQ与△ABC的关系、PQ与BC的位置与数量关系、△APQ面积的最小值、四边形BCQP面积的最大值等视角提出问题。

2. 引导学生关注生活，发现有价值的问题

为引导学生提出有价值、有意义的问题，教师可多创设基于学生生活的问题情境，引导学生围绕情境发现问题，并用已有知识经验去解决问题，进而在深入思考下发现新问题。

【案例】一个学生问：家中的窗户由原来的双开木结构改为推拉铝合金结构后，为什么在不开空调时室内感觉比以前闷热？

这个问题很简单，原来为双开，现在为推拉，易知原来的最大通风量是现在的最大通风量的2倍，这个简单的问题有很丰富的现实意义，因此是一个有意义的问题。

（二）培养创新意识素养的核心：指导学生学会数学思考

联想是数学解题思维中重要的思维方式，但联想常以默会知识的状态内隐于人的大脑中，很难外显成明确知识。要把只可意会的默会知识外显成可以言传的明确知识，需要在教学过程中反复地尝试、提炼与实践。

1. 以层次性问题促进递进性思考

学生对层次问题做多角度的思考与分析，在教师的引导下能提出独到的见解，并有所创新，从思维的特点来看体现了联想的发挥及灵感直觉。

【案例】"用加减法解二元一次方程组"的教学片段。

问题：（1）不使用代入法，思考如何消去下列两个方程组中的未知数 y。

① $\begin{cases} 3x - 8y = 1 \\ 5x + 8y = 7 \end{cases}$ ； ② $\begin{cases} 12x - 7y = 1 \\ 8x - 7y = 5 \end{cases}$。

（2）你能不用代入法消去方程组 $\begin{cases} 4x - 3y = -5 \\ 8x + 9y = 5 \end{cases}$ 中的未知数 x 吗？能消去 y 吗？

（3）通过问题（1）、（2）的解决，请你梳理在怎样的条件下可用加法进行消元。在怎样的条件可用减法进行消元。

经历对以上一组层次性问题的探究，学生的思维从感性［问题（1）中的两个方程组的消元］认识上升到理性认识（总结加减法消元的基本规律）：二元一次方程组根据等式性质进行恒等变形，化两个方程中同一个未知数的系数为绝对值相等，再通过加减法进行消元。

2. 以多解型问题促进发散性思考

从培养学生变通性入手，开阔思路，增加发散成分，逐步培养他们从多方面、多角度去探索问题、认识问题和解决问题的习惯，从而提高分析问题、解决问题的能力，促进学生创造力的发展。在课堂教学中，给出典型案例，寻求多种解法。

【案例】浙教版七年级上"一元一次方程的应用（2）"中的例3：

一个标志性建筑的底面呈正方形，在其四周铺上花岗石，形成一个边宽为3.2 m 的正方形框（如图3-2中的阴影部分）。已知铺这个框恰好用了

144块边长为0.8 m的正方形花岗石（接缝忽略不计），问标志性建筑的底面边长是多少米。

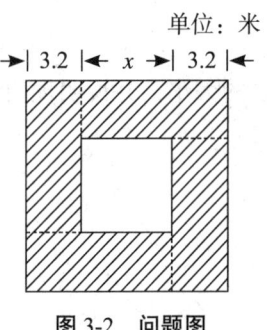

单位：米

图3-2 问题图

如何求阴影部分的面积，学生想到了8种解题方法（图3-3），而且例题解法中所用到的方法并不是学生首选的方法，而是第5种解法。

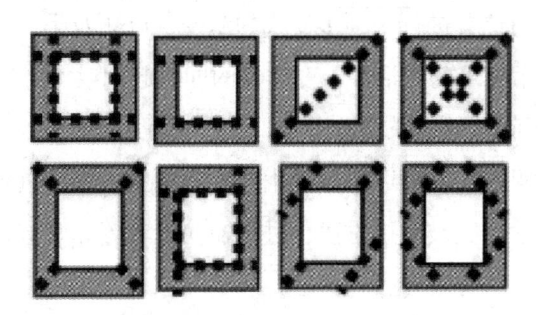

图3-3 问题图

3. 以变式性问题促进迁移性思考

变式练习是"以少取胜，以精取胜"的有效途径。变式性问题在编制时，或可增加条件，或可隐去条件，或可改变问题的情境，以提高学生的迁移能力与思维的敏锐性。

【案例】如图3-4（a），在△ABC中，点P为BC边上一点，试比较$BP+CP$与$AB+AC$的大小，并说明理由。

学生解答本题后，作如下变式：

变式1：将原题中的点P移至△ABC内，如图3-4（b），试比较$BP+CP$与$AB+AC$的大小，并说明理由。

变式2：连接变式1中的 AP，请证明 $\frac{1}{2}(AB+BC+AC)<PA+PB+PC<AB+BC+AC$。

变式3：将变式1中的点 P 变为两个点 P_1、P_2，如图3-4（c），试比较 $BP_1+P_1P_2+CP_2$ 与 $AB+BC$ 的大小，并说明理由。

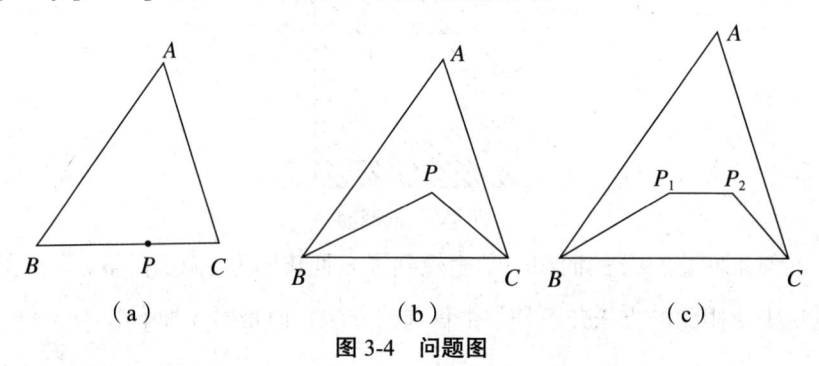

图3-4 问题图

通过对图形的位置进行一题多变式的演变，以题及类，"解一题，会一串"，在发展学生思维的灵活性、变异性的同时起到触类旁通的效果。

4. 以非常规问题促进联想性思考

对非常规性问题，教师可引导学生抓住问题的表象，进行联想与想象等思维活动，鼓励学生突破常规方法，进行逆向思考等非常规性思维活动，这也是培养创新素养的有效方法。

【案例】问题：已知 $\frac{\sqrt{3}b-c}{a}=3$，求证 $b^2 \geqslant 4ac$。

解析：若我们直接从问题的正向（条件）思考，则比较繁杂或难以找到解题方法；为此，从逆向（结论）思考，抓住特征，联想到一元二次方程的根的情况，故只需将条件变形为一元二次方程的形式便容易得解。

证明：由已知得 $3a-\sqrt{3}b+c=0$，

即 $a(\sqrt{3})^2-b\sqrt{3}+c=0$，

∴ $\sqrt{3}$ 是关于 x 的一元二次方程 $ax^2-bx+c=0$（$a \neq 0$）的一个根，

∴ $b^2 \geqslant 4ac$。

（三）提升创新意识素养的方法：指导学生学会归纳验证

合情推理教学是根据学生已有的认知基础与经验，创设合理的合情推理的问题情境，引导学生观察、实验，凭学生已有的活动经验，通过归纳、类比等活动获得对问题结论的猜想，并通过学生不断尝试与检验修正猜想，最后经过推理论证获得问题的正确结论。

1. 问题情境

如图 3-5，有一块三角形的玻璃不小心被摔成了三块，想让玻璃店师傅配与原三角形的形状大小相同的一块玻璃，现在要打电话向玻璃店师傅描述这块三角形玻璃，应给出多少数据？

图 3-5　问题图

2. 提出问题

如何才能使两个三角形全等？

子问题1：请你回忆全等三角形的性质是什么。

子问题2：将上述性质反过来，两个三角形的三条边与三个角这六个元素中，至少要满足有几个元素对应相等，才能够保证这两个三角形一定全等？

3. 画图探索

操作1：

只满足一个元素（一条边或一个角）：请分别画出一个直角、一个边长为 2 cm 的三角形，与小组内的其他同学比较，所画的三角形全等吗？

操作2：

（1）满足两个元素有哪几种可能？（学生归纳：边边、边角、角角。）

(2)请分别画出符合下列条件的三角形。

①三角形两边分别为 2 cm 和 3 cm；②三角形两角分别为 30°和 60°；③三角形的一条边为 2 cm，一个内角为 45°。

请逐一与小组内的其他同学比较，所画的三角形全等吗？

简洁是数学教学的精髓，即如何用最少的条件能得出结论。因此，我们先从一个元素、两个元素依次进行探究，让学生初步感受公理化的思想。根据学生的已有的认知基础，对所研究的问题结论从特例入手，通过特例来验证一般结论是否成立，这样学生容易接受。

操作3：

（1）满足三个元素对应相等的两个三角形又有哪几种情况？（学生归纳：三边、两边一角、两角一边、三角等。）

（2）下面我们一起来探究第一种情况：满足三边对应相等的三角形是否全等？

请按照下面的方法，用刻度尺和圆规在一张透明纸上画△DEF，使其三边长分别为 1.3 cm、1.9 cm 和 2.5 cm。画法如图3-6。

①画线段 EF=1.3 cm。

②分别以点 E、F 为圆心，2.5 cm、1.9 cm 长为半径画两条圆弧，交于点 D 和 D'。

③连接 DE、DF 和 D'E、D'F。△DEF 和△D'EF 即所求的三角形。

把你画的三角形与其他同学画的三角形进行比较，它们能互相重合吗？

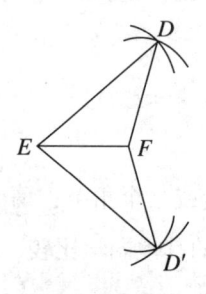

图3-6 问题图

在经历操作 2 的基础上，再通过满足特定条件后的三角形来研究说明一般结论是否成立。

4. 猜想与验证

猜想：三边对应相等的两个三角形全等。

验证操作：小组内再试换一下三角形三边的长度，还会有相同的结论吗？

由于"边边边"的判定是一个基本事实，不必证明，因此通过验证，使得猜想更加可靠，学生更加相信结论的正确性。

以上是教学设计的片段，仅展示了"边边边"判定的合情推理的流程。合情推理是学生通过问题情境与活动，自主提出问题、探索规律与发现、再验证发现进而做出猜想，使学生明白知识提出的合理性，有利于培养学生的创新精神。

创新意识素养的提升与创新教育密不可分，创新意识素养的提升在整个创新教育中具有重要地位。

第四章　基于初中数学素养的教学策略与践行

第一节　基于初中数学素养的教学方法

一、优化讲授式

所谓讲授式教学方法，就是教师运用口头语言，准确而系统地向学生传授知识的方法。这也是较为传统和使用极为普遍的一种教学方法。就看教师在什么条件下讲，怎么讲。

（一）讲授式应用的条件

1. 学习内容

很多的数学内容都可以运用讲授式教学，特别是陈述性的知识，如事实、现象、概念等，可以用较短的时间获得比较系统的知识。

2. 学习目标

运用讲授式教学，不仅要考虑学习内容，还要考虑学习目标，可以采用讲授式教学，如在"线段、射线、直线"一课的讲授中，线段、射线、直线的表示方法是约定俗成的，让学生记住就可以了。如果学习目标定位于掌握数学思想方法、积累数学活动经验、提升能力等，就不能采用讲授式教学。

3. 学情

讲授式教学还要适合学生的学习态度、学习基础、学习习惯、学习能力、兴趣爱好、年龄特点、心理特点等。例如，课堂学习目标虽然定位于掌握数学思想方法、积累数学活动经验、提升能力等，但当学生的学习基础比较薄弱，学习能力比较差，学生自主探究不能完成时，就需要教师运用讲授式教学。

（二）优化讲授式

讲授的方法不同于"填鸭式"的教学方法。从教师教的角度来说，讲授是一种传授型的教学手段；从学生的角度来说，讲授是一种接受型的学习方式。讲授法有利于大幅度提高课堂教学效率，有利于教师主导作用的发挥，有利于知识的系统性。如果讲授不当容易演变成"满堂灌"，使学生被动地学习，因此要对讲授式教学方式进行优化。

1. 设问解疑，突出启发性

培养学生用数学的思维方式来看待问题是数学教学的核心，一个有价值的数学问题是培养学生思维的源泉。在讲课时，教师善于设问解疑，既激发了学生的求知欲望，又引发了学生思维的积极参与，使学生在教师讲解的过程中，边听讲、边思考、边探究，最终掌握了知识，培养了能力。

2. 语言生动，突出形象性

在保证科学性的前提下，借助语言将抽象的数学概念、法则、公式具体化、形象化，将枯燥的内容生动化、趣味化，这样的课堂讲授教学起到了事半功倍的效果。

3. 充满激情，突出感染性

语言表达效果是判断讲解成功与否的重要标志，教师饱含激情、深入浅出、情真意切的讲授，会给学生以智慧的启迪、心灵的震撼。所以，使用讲授式特别要求教师加强语言训练，做到语言具有精确性、逻辑性、形象性、感染性、趣味性、启发性，以此唤起学生情感，开启学生心智。

二、细化合作式

合作学习是指在教学过程中，以学习小组为教学基本组织形式，教师与学生之间、学生与学生之间，彼此通过协调活动，共同完成学习任务，并以小组总体表现为主要奖励依据的一种教学方法（教学策略）。

合作学习作为一种学习方式兴起于美国，由于合作学习的产生和发展有着坚实、科学的理论基础，很快引起世界各国的关注，被许多国家采用。在国际教育改革背景下，我国《标准》倡导合作交流的学习方式，合作学习能弥补个体学习的不足，促进学生学习兴趣、学习成绩、学习能力及交往能力的提高。目前，此方式已被越来越多的一线教师认同，并在教学实践中探索运用。但是现实课堂教学中的小组合作学习存在着流于形式、效率低下等问题，具体表现为其活动时间一般是 1～2 min。例如，在"等边三角形性质"一课的教学活动中，小组合作共四次，合计用时 6 min，学生虽然七嘴八舌，但收获并不大。因此，需要我们分析原因，细化合作式，用好合作式，提高合作学习的有效性。

（一）选择适合合作学习的内容

不是所有的内容都适合合作学习，对于方法不确定、答案不唯一、具有探究性和挑战性的、个人无法完成的内容适合采用合作学习。

1. 在教学内容的重点、难点处合作

例如，在"平方差公式"一课的教学中：本节课的重点是经历平方差公式的推导过程；难点是如何归纳出公式。

在教学中，教师先出四道小题：

$$(x+1)(x-1)$$
$$(1+3x)(1-3x)$$
$$(2a+5)(2a-5)$$
$$(100+1)(100-1)$$

并在教学时安排了下面几个步骤：自主学习，自主发现；小组合作，共同探究；交流结果，总结规律。这样学生很自然地就推导出了平方差公式。

在教学内容的重点、难点处组织学生合作学习，能有效地对学生进行数学思想方法的渗透，引导学生有层次地进行分析、比较，对规律的探索做到循序渐进、水到渠成，真正让学生积极参与知识的形成过程，最大限度地调动学生学习的积极性。

2. 在问题的解答策略不唯一或答案不唯一时合作

有些问题的解题策略不唯一、答案不唯一，而一个人的思维能力毕竟有

限，很难多角度地去思考问题，需群策群力才能展示各种策略和结论。

例如，如图4-1，用火柴棍拼成一排三角形，如果图形中分别含有2、3或4个三角形，分别需要多少根火柴棍？如果图形中含有n个三角形，需要多少根火柴棍？

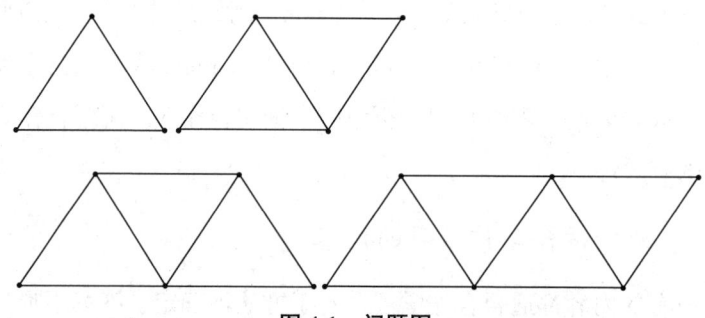

图 4-1　问题图

教师在学生独立思考几分钟后，安排小组合作学习，每个小组承担不同的任务，让学生把自己的结论及依据在小组内展示出来，然后每个小组派代表展示（学生从五个不同的角度展示了他们的想法），每个同学都从别人那里学到解决问题的不同方法，也会逐步养成学生全面考虑问题和善于从别人身上取长补短的好习惯。恰当地把握合作时机，可以充分调动学生的学习积极性，发挥其主动性，活跃思维，学生不仅加强了对知识的理解，而且掌握了学习数学的方法。

3. 在对问题进行深化、拓展时合作

在数学课堂上，教师适度地拓展和延伸，是传授数学思想和方法、培养学生思维能力和创新意识的重要途径。

例如，在 $\triangle ABC$ 中（图4-2），$\angle ACB = 90°$、$CA = CB$，直线 MN 经过点 C，且 $AD \perp MN$ 于 D、$BE \perp MN$ 于 E，当直线 MN 绕点 C 旋转到下图4-2（a）的位置时，$\triangle ADC \cong \triangle CEB$，且 $DE = AD + BE$，你能说出其中的道理吗？当学生解决完此问题之后，教者适时提出另外两个问题，"当直线 MN 绕点 C 旋转到下图4-2（b）的位置时，请你猜测 DE、AD、BE 三者之间的数量关系，并说明理由""当直线 MN 绕点 C 旋转到下图4-2（c）的位置时，DE、AD、BE 三者之间具有怎样的数量关系，请写出这个数量关系"。

组织学生分组合作交流。

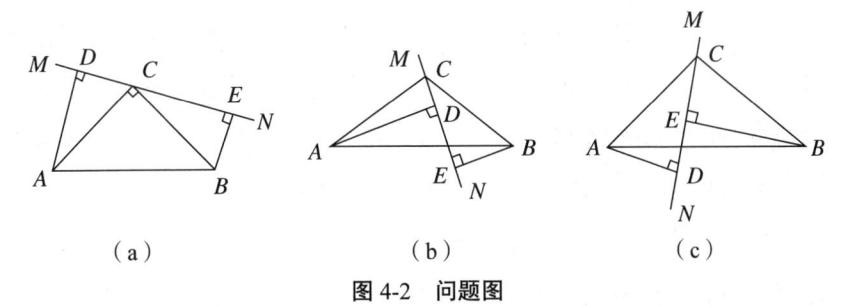

（a）　　　　　　　（b）　　　　　　　（c）

图 4-2　问题图

此时进行合作，有助于拓展学生的思维，激发学生的灵感，形成独特的认识。

（二）把握合作技巧

1. 合理分组

对于每个小组成员的划分，当前研究更多认同"组内异质，组间同质"，即将不同学习能力、学习态度、学习兴趣、性别、个性的学生分配在同一组内，组成一个学习小组，目的在于形成优势互补，但同时尽可能保证不同小组之间整体水平相当，体现公平竞争。根据初中学生的实际情况，一般情况下，每个小组 5～6 个人比较合适。

2. 合作适度

一节课中合作学习的次数和时间一定要控制好，一般情况下，每节课合作学习的次数 1～2 次为宜，每次 8 min 左右。在合作学习之前，先是独立思考，使学生在独立思考的基础上进行合作，这样的合作才有效、有意义。

3. 教师的作用

在合作学习中，教师除了进行学习目标的制定、学习任务的设计、合作技能的指导，在学生活动过程中，教师要对每个小组的合作学习情况进行观察和介入，提供适时的引导和帮助。教师要对学生的学习活动有充分的预见，如学生会遇到怎样的困难，会得到哪些结果，该如何应对，当学生无所适从时能给其提供怎样的活动任务，当学生的活动内容偏离问题的实质时如何指明研究的方向或进行恰当的干预。

4. 评价方式

合作学习强调团体的成就，每个学生对小组的成就都负有重要责任，但不能简单地认为小组成绩等于个人成绩，这样容易导致部分学生的学习积极性受挫和部分学生抱着坐享其成的态度评价方式的计分方式，应当既可以表现出每一个学生的学习情况，又能体现小组的集体意识。

首先给每一个成员的课堂表现记分，课后将小组所有成员的分数之和作为本小组的分数。这种记分方式的好处是每一个成员的记分都表现出他的进步，是以一种发展的眼光看待每一个学生的学习行为，而且每一个成员的分数也都与小组的成绩相关，使他感受到团队的意识。一节课结束后，根据个人得分和小组得分，评出先进个人和先进学习小组。

总之，合作学习的水平高低与合作内容、技巧紧密相关。合作时机把握不好，学生的合作交流便是低效率的，就如同"你有一个苹果，我有一个苹果，相互交流，仍然是每人一个苹果，也就是 $1+1=1$"；如果合作时机把握得恰当，就能实现"你有一种想法，我有一种想法，交流之后，每人都有了两种想法，达到 $1+1>2$ 的目的"。

三、深挖探究式

所谓发现式教学方法，是教师提供某些学习材料让学生自己去发现结论或规律。探究式教学方法是发现式教学方法的重要形式之一。

（一）适合探究性学习的内容

在教学实践中，并不是所有的教学内容都可以开展探究性学习，有的内容适合部分探究，有的内容适合完全探究（课题学习）。同时，总结数学教材中性质、定理、公式、规律、课题学习中适合探究的内容，开展探究性学习，并对探究性问题进行分类。

条件性探究：此类题型给出问题的结论，探究使结论成立的条件，其探究策略常采用分析方法（执果索因）。

结论性探究：此类题型给出问题的条件，探究问题的结论，其探究策略

常采用分析方法（执因索果）。

结论存在性探究：此类题型是探究符合条件的结论是否存在，常采用假设存在—推理—得出结论合理或矛盾。

规律性问题的探究：此类题型由特殊推广到一般，探求规律，其探究方法常采用归纳法，将一般归纳到特殊，寻求途径找到规律。

（二）创设探究的情境

通过创设情境，把知识融入学生喜闻乐见的情境中，让学生在情境中进行自主探究性的学习活动。

1. 在情境中引入新课

在故事情境中引入新课。例如，在讲"一元一次方程"时，运用多媒体创设情境：英国伦敦博物馆保存着一部分极其珍贵的文物——莎草纸文书，这是古代埃及人用象形文字写在一种特殊的草上的著作。它于公元前1700年左右写成，至今已有3700多年的历史。这部书记载了许多关于数学的问题，如一个数，它的2/3、它的1/2、它的1/7、它的全部，加起来共33，这个数是多少？你知道古人是怎样计算的吗？通过课堂观察，我们发现，面对这样富有新意与智趣的情境引入，比较枯燥的计算题教学变得富有乐趣，学生能在最短的时间内主动进入学习状态，愿意去学。

在问题情境中引入新课，创造性地把书上的"句号"转变成"问号"，把"问号"融入情境中，让学生在情境中遇到问题，促使学生努力思考问题、探究问题。例如，教师在讲授数学"有理数的乘方"时是这样引入的：古希腊有位富翁酷爱数学，是做难题的高手。有一天，他去拜访柏拉图，柏拉图潜心读书，不愿与他纠缠，便想出一个摆脱他的办法，他说："一个数由3个9组成，如99/9，结果是11，但要拼成一个最大的数，实在太难了，你回家想想吧。"几年过去了，富人变得十分衰老，问题却没有解决。正巧9月9日9点，富人从家出来，一脚踏空，从9级台阶摔下来，磕掉9颗牙齿，9分钟后死去了，柏拉图的问题看来不简单，你愿意试一试吗？这样，学习有理数的乘方就成了学生的愿望了。

在悬念情境中引入新课。例如，学习"有理数的乘方"时这样引入：世界最高峰在哪个国家？名字是什么？高度是多少？你能借助一张足够大的纸和数学知识登上它的顶峰吗？这样引入促使学生自觉学习，使情知交融达到最佳状态，学生有了疑问才会进一步思考问题。

2. 在情境中探究

学生在操作情境中探究新知。例如，在学习"等式性质"时，借助天平，学生亲自动手操作，通过在天平两端同时增加或减少相同质量的砝码，观察天平是否平衡，从而归纳出等式的性质，使学生感受数学就在身边，易于接受。

学生在交流情境中完善自主探究学习。例如，学习"有趣的七巧板"时，学生先读、看、找、做，然后再交流。在小组内交流各自制作七巧板的方法，然后几个学生上讲台代表本组发表自己的见解，以及制作的原理。以此来增强合作的精神，同时在交流中学会欣赏别人，倾听他人的见解，并从中吸取自己需要的东西，使知识得到发展。

3. 在情境中运用

学生在游戏情境中运用知识。例如，在学习"日历中的方程"时，利用投影出示某月的日历，学生说出某一竖列三个日期之和，老师很快说出这三天的日期分别是多少。学生们觉得很神奇，老师到底掌握了什么诀窍呢？这样培养了学生学习的兴趣，同时促使他们自觉地运用所学的知识。

学生在实践情境中运用知识。例如，在学习打折销售后，学生设计物品购买方案，计算怎样购物花钱较少等，学生既能灵活地运用知识解决实际问题，又能感到数学知识就在身边，有利于培养学生用数学眼光去观察认识周围的事物。同时通过实际运算，弄清打折销售中的欺诈行为，使学生认识到"诚实为人，立信为本"，达到"求真""求是"的目的。

4. 在探究中交流

巧设"陷阱"，引发"冲突"。学生的生活经历、经验积累、认知水平、知识背景、思维方式等往往不尽相同，由此而产生的生生间的争辩常常可以激起学生更多的思维火花，引起更深入的思考和更广泛的讨论，从而促进更高质量的理解。在教学过程中，教师要善于抓住学生的思维特点，针对具体

内容充分估计学生的思维可能性，巧妙地设置善意的"陷阱"，自然引发学生间的争辩。结果可能因学生的一个问题而改变了原先设计的教案，使学生学有所得，收获更大了，体会更深了。

适度引进教具，激发学生展开个性思维探索交流。例如，在学习"圆"时，教师出示了一道具有挑战性的数学问题：在一昼夜中，时钟的时针与分针一共有多少次成直角？有的同学慢慢地计算；有的同学在纸上画草图；有的同学直接拿出手表，用手拨动指针，很快得出答案。虽然每个人都得出了答案，但大家都有自己的收获，他们经历了探究的过程（探究的过程也是促进人的全面发展的过程），获得了独特的体验。

5. 在时空中互动

由于受时空等的限制，在传统课堂里往往会有"说不清""想不明"的现象，使交流互动受阻。随着信息技术逐渐被用于教育、教学中，教师不但可以充分利用先进的网络技术来创设逼真的情境，形象展现思维的过程，还可以将无限的时空引入课堂，使互动更广泛、更深刻，在互动中实现资源共享。例如，在学"利息"时，课前教师布置学生自己获取"利息"的有关知识。在课上汇报时，有的学生是通过到银行调查获得的，有的是通过查阅资料获得的，有的是在网上获得的。获得知识的各种不同方法，正是学生个性的体现。这样，学习时空的拓展，不仅可以开阔学生的视野，打破课堂学习的局限性，而且有利于学生个性的充分发挥。

（三）探索并归纳探究性学习的方法

通过大量的课堂观察，针对探究内容整理出学生探究学习的基本方法。

1. 实验探究法

所谓实验研究法，是针对某一问题，根据一定的理论或假设进行有计划的实践，从而得出一定的科学结论的方法。

运用实验探究法进行自主探究的一般步骤是：教师提出问题—学生实验操作—观察分析—猜想结论—交流校正—验证或证明。

例如，在学习"三角形的三个内角和等于180°"这一内容时，有的学

生经过以下操作实验获得初步经验：先自己画一个三角形（图4-3），用量角器量出它的三个内角求其和；再将一个三角形的三个角剪下来，拼成一个半平面，自主探索出三角形的三个内角和等于180°这一数学结论。也有的学生用铅笔在纸上所画的一个△ABC上做实验：

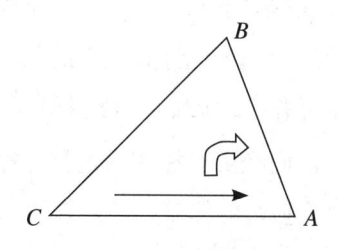

图4-3 问题图

第1次将笔尖指向A点（铅笔与AC边平行）；第2次旋转∠A后，笔尖指向A点；第3次旋转∠B后，笔尖指向C点，但铅笔与BC边平行；第4次旋转∠C后，笔尖指向A点。经过4次旋转后，笔尖正好掉转一个方向，这说明∠A+∠B+∠C=180°。

2. 归纳探究法

归纳探究法就是利用数学归纳法进行问题探究。

运用这种方法进行自主探究的一般步骤是：提出问题—积累数据—观察分析和归纳—猜想结论—交流校正—验证或证明。

例如，在学习"直角三角形斜边的中线等于斜边的一半"时，学生经历了这样的探究过程：提出问题（这节课要研究直角三角形斜边的中线与斜边的关系）—积累数据（每个学生任意画几个直角三角形，并做出斜边上的中线，然后测量直角三角形斜边的中线与斜边的长度，形成一组数据）—观察分析和归纳（观察一组数据的比值，并分析比值的特点）—猜想结论（学生猜想直角三角形斜边的中线与斜边的关系）—交流校正（学生互相讨论、交流，达成一致的意见）—验证或证明（学生画图并证明）。

3. 类比探究法

类比探究法就是经历提出问题—找出类比对象—猜想结论—交流校正—验证或证明的过程得出结论。

例如，在学习"分式的基本性质"时，学生是这样探究的：从分式与分数的定义可以知道，分式和分数有很多类似之处；学生运用类比方法猜想结论，即分式的分子与分母都乘以（或除以）同一个不等于零的数，分式的值不变；学生得出的结论有可能是错误的，有的学生会得出分式的分子与分母都乘以（或除以）同一个数，分式的值不变，这时学生之间进行交流纠错便可解决。

四、导学案

"导学案"顾名思义就是引导学生学习的方案，着眼点和侧重点在于引导学生自主学习，引导学生获取知识、获得能力，实质是教师用来培养学生自主学习和构建知识能力的一种重要媒介。

"导学案"即以学案为载体，以导学为方法，以教师的指导为主导，以学生的自主学习为主体，师生共同完成教学任务的一种教学方法（或教学模式）。导学案是教学的路线图、指南针，它的构成应包含三部分：学习目标，学习重点、难点、关键，学习内容与过程。

（一）学习目标

从"教案"到"学案"的转变，教师必须把自己的教学目标转化为学生学习的目标，把学习目标设计成学习方案交给学生。依标靠本，学习目标的设定应概括准确、简洁易懂、操作性强。可在目标中将学生自学时会涉及的重难点，以及易错、易混、易漏等内容做出标注，以便引起学生重视。

（二）学习重点、难点、关键

教学的重点、难点既是学生学习的困难点，又是启发学生思维、引导学生探究的最佳切入点。如果在导学案中不加明确，直接让学生自学教材，势必会导致学生费劲、卡壳。所以教师不仅要把重点、难点在导学案中说清楚，还要进行分割，将难点分解为一个一个的小问题，将困难的问题简单化，使学生能比较轻松地掌握重点和难点，然后再进行整合，达到事半功倍的效果。

（三）学习内容与过程

学习内容是导学案的核心，要体现导学、导思、导练的功能。"导学案"设计的重点在"问题导学"上。问题设计要遵循以三线一面贯穿整个过程的原则。一是知识线。根据学生的认知规律，将知识点进行拆分、组合，设计成不同层次的问题，给学生一个自学、探究的思想引导。二是学法线。指导学生读、思、操作，同时做出培养学生能力的具体设计。三是能力线。通过让学生思考问题、解决问题，培养学生的归纳、总结、理解问题的能力，培养学生的动手和动脑的能力，培养学生在新情境里解决新问题的能力。三条线通过一连串相互衔接的问题体系形成一个立体的知识、感悟、能力体系，从而建立全面的知识体系、知识网络。具体的设计分七个环节：知识链接、问题设置、双基训练、拓展延伸、归纳小结、达标测评、教学反思。

1. 知识链接

教师或通过复习旧知识、承上启下进入新知结构，或利用有意义的问题导出新课，或采用类比、推广等手段自然进入新知结构。总之要调动起学生的学习积极性和兴趣，如果涉及的是相关概念、一般式、定理等内容，可设计成填空题或举例说明，或设计成几道小题来体现，但其内容一定要有针对性。

2. 问题设置

问题设置的设计是一篇导学案中最核心的部分，是达成目标的关键，是导学案的最重要的设计内容。要实现导学功能，学生首先要知道怎样学和学什么的问题，其次要知道具体可执行程序和研究的问题。也就是说，要告诉学生"学习方式"和"学习内容"。把学习方式及程序概括为"学线"，学习内容及问题概括为"问题线"，那么问题设置的过程就是围绕"学线"和"问题线"来设计的。设计时要做到"知识问题化，问题层次化"，把知识点转变为探索性的问题点、能力点，通过对知识点的设疑、质疑、解释，引发学生主动思考，逐步培养学生的探究精神，以及对教材的分析、归纳、演绎的能力。问题设置要有梯度，能引导学生由浅入深、层层深入地认识教材，在设计时将难易不一的学习内容处理成有序的、阶梯式的、符合各层次学生

认知规律的学习方案。能引领学生的思维活动不断深入,还应满足不同层次学生的需求,要使优秀学生从导学案的设计中感到挑战,使一般学生受到激励,使学习困难的学生也能获得收获。问题的设置应尽可能考虑到学生的认知水平和理解能力,由浅入深、小台阶、低梯度,让大多数学生"跳一跳"能够摘到"桃子",要让每个学生都学有所得,体验到成功的喜悦,从而调动学生进一步探索的积极性,增强学生学习的自信心。

设计问题要遵循以下几点:①问题要能启发学生思维。②问题不易太多、太碎。③问题应引导学生阅读并思考。④问题或者说知识点的呈现要尽量少用一个一个填空的方式,避免学生照课本填空,对号入座,抑制了学生的积极思维。⑤问题的叙述语应引发学生积极思考和积极参与。如你认为是怎样的?你判断的依据?你的理由?多用"想一想""议一议""试一试""练一练"等问题情境去设计学习过程,让学生在学案的主线下进行自学,让学案成为学生自主学习的指导老师。⑥要注重规律、方法、技巧等的总结。这一点也正是我们数学教学中缺少的,更急需弥补,要在导学案中留出适当的位置让学生归纳后写出来。

通过此环节精心设计问题,使学生意识到:要解决教师设计的问题不看书不行,看书不详细看也不行;只看书不思考不行,思考不深不透也不行。让学生能真正从教师设计的问题中找到解决问题的方法,学会看书,学会自学。

3. 双基训练

针对本节课的学习目标任务、知识内容、能力要求,设计一定数量的达标练习,目的是落实好知识点,进一步促使学生形成熟练的技能。设计题目的基本思路是注重基础、分出层次、扣准目标,围绕重点和难点,不偏、不怪,有代表性、有典型性,做到选题类型全、有梯度,可以与知识点对应,边学边练。

4. 拓展延伸

此环节包含两部分内容:一是规律、方法等的归纳;二是变式训练。所以可设计典型例题让学生进行分析、讲解与点评,可以在双基训练题的基础

上进行变式训练。例如：如图 4-4（a），分别以直角三角形 ABC 三边为直径向外做三个半圆，其面积分别用 S_1、S_2、S_3 表示，则不难证明 $S_1 = S_2 + S_3$。

变式训练（1）：如图 4-4（b），分别以直角三角形 ABC 三边为边向外做三个正方形，其面积分别用 S_1、S_2、S_3 表示，那么 S_1、S_2、S_3 之间有什么关系？（不必证明）

变式训练（2）：如图 4-4（c），分别以直角三角形 ABC 三边为边向外做三个正三角形，其面积分别用 S_1、S_2、S_3 表示，请你确定 S_1、S_2、S_3 之间的关系并加以证明。

变式训练（3）：分别以直角三角形 ABC 三边为边向外做三个等腰直角三角形，其面积分别用 S_1、S_2、S_3 表示，请你确定 S_1、S_2、S_3 之间的关系。（不必证明）

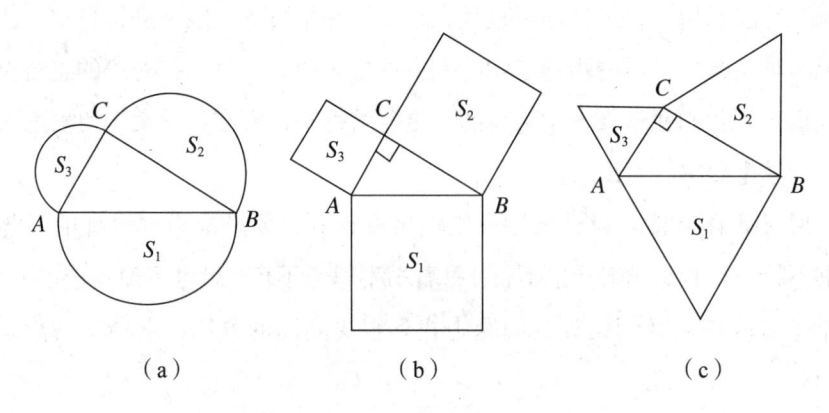

（a）　　　　　　（b）　　　　　　（c）

图 4-4　问题图

学完三角形相似的知识后还可变式。

变式训练（4）：若分别以直角三角形 ABC 三边为边向外做三个一般三角形，其面积分别用 S_1、S_2、S_3 表示，为使 S_1、S_2、S_3 之间仍具有与（2）相同的关系，所做三角形应满足什么条件？请证明你的结论。

类比（1）、（2）、（3）、（4）的结论，你能总结出一个更具有一般意义的结论吗？

5. 归纳小结

学习小结与反思，即知识结构整理归纳。按知识点之间的内在联系归纳

出知识线索，具体的知识点要尽可能留出空由学生来填。在归纳出本节知识结构的基础上要体现与其他章节等知识的联系，同时还要引导学生对学习方法进行归纳。

可设计成：①本节课你学到了哪些知识？②通过这节课的学习你能解决哪些问题？③每个知识点在运用上要注意什么？④你还有哪些困惑？

6. 达标测评

达标检测题的编写及使用的具体要求：①题型要多样，量要适中，不能太多，以 5 min 左右的题量为宜。②紧扣考点，具有针对性和典型性。③难度适中，即面向全体，又关注差异。建议可设置选做题部分，促进优秀学生成长。④规定完成时间，要求独立完成，培养学生独立思考的能力。⑤注重及时反馈矫正。

7. 教学反思

教学反思是指教师课后对整个课堂教学行为进行思考性回忆。反思可以从以下几个方面入手：①反思学案的设计是否符合学情。②反思教师在预习课上的指导是否到位。③反思教师在展示课上的点评、追问是否及时、恰当。④反思学生在课堂上对知识点的理解、掌握在哪一点上存在障碍，原因是什么。对于新知识的理解与运用是否形成方法、规律、技能。

五、数学分层次分组教学法

（一）数学分层次分组教学法的提出

由于遗传、环境和教育等错综复杂因素的影响，每个学生的个性不同，知识、能力、动机、情感、意志、气质等表现出不同的特点和发展倾向，但是每个学生都有获得成功的需要和潜能，通过教育，每个学生都可以在原有的基础上获得发展。《标准》基本理念第一条明确提出，"使数学面向全体学生，适应学生个性发展的需要，使得人人都能获得良好的数学教育，使不同的人在数学上得到不同的发展"。而在现实教学中，教师向每一个班集体进行统一的教学，全班同学则以不同的方式来接受，于是在学习新知识的过

程中出现了信息输入和思维加工不同步的现象，导致部分学生在参与课堂教学时遇到困难。为此，教师要以不同层次学生的认知水平为起点，从调动不同层次学生的学习积极性，全面启发不同层次学生的思维入手，以使学生积极参与教学活动，促进其全面发展，即数学分层次分组教学法。

（二）数学"分层次分组"的方法

数学分层次分组教学法中的分层次是把全班同学按数学学科的成绩，以及非智力因素的差异，分上、中、下三个层次，教师按照教材内容和《标准》的要求，再把每一个课时的内容划定为基本内容、提高内容、拓展内容三个层次，不同层次的学生选择学习不同层次的内容。分组是把不同层次的学生分在一组，在教学中通过调控使不同层次的学生互相帮助、互相促进，经过一个单元或几个单元的学习后，再重新分层次分组。

（三）数学分层次分组教学法的基本做法

数学分层次分组教学法要求教师在教学过程中根据教材和《标准》的要求及学生认知水平的差异，科学地设计好适合不同层次学生学习的每个教学环节，使不同层次的学生都处于学习的最近发展区，创造出一个弹性的学习环境，使各个层次的学生都学有所得，提高学生的创新意识、探索精神和实践能力，培养学生终身学习的愿望和能力。

1. 教学目标层次化，为每个学生创造成功的目标

在数学分层次分组教学过程中，根据教学内容和《标准》及学生个体实际差异，将每节课的教学总目标分解成基础目标、提高目标、拓展目标，不同层次的学生根据自己的需要、能力，自主地选择几个目标或所有目标，通过教学活动中教师的引导和学生的探索逐步达到各自的目标。教师的引导与学生的探索均能达到总目标是教学的最佳状态，但客观实际是学生个体存在差异，不可能同时达到总目标。根据不同层次学生的需要，将总目标分解成三个目标，能够诱发不同层次学生的学习积极性。不同的诱因，诱发了不同层次学生的动机，再由动机到主动探索，再到合作讨论，最终达成目标，使教学目标在教学过程中真正起到激励作用和导向作用。

2. 教学内容层次化，为每个学生创造成功的条件

教学目标的层次化是通过教学内容层次化来实现的，教学内容层次的划分主要是根据教学的目标及学生认知水平的差异，对教学内容的处理坚持由易到难、由浅到深、由简单到复杂、由形象到抽象的原则。在教学过程中，教师要鼓励学生发表不同见解，引导学生大胆思考推测，鼓励学生组内讨论、组际讨论，帮助每个学生树立自信心，使课堂充满宽松愉快的气氛。在学生的探索之路上，教师适时地进行"铺路"，及时"搭桥"，使学生在"山重水复"之时，能够"柳暗花明"。

（1）创设情境，提出问题层次化，探索新知。教学时以问题为学生学习的出发点，创设情境，力争设计出适应不同层次学生认知水平的具体明确的问题，诱发引导，由相应认知水平的学生根据先前认知结构、经验及活动主动地、有选择地、有意义地感知外在信息，构建知识体系。课堂上老师启发引导学生，开展名副其实的师生交流、生生交流，通过各种活动，进行各种观点之间真诚的交流。学生能探索到的老师不说，低层次学生能解答的高层次学生不答，使全体学生都有问题思考，都有机会表现自我、发展自我，从而感觉到学习数学是很重要的活动，增强学生的参与意识，并初步形成"我能够而且应当学会数学"的思考。

（2）课堂练习、测评层次化，应用创新。针对不同层次的学生，设置基础、提高、拓展三个层次的教学目标，教师要选配不同层次的练习题、测评题。练习题、测评题一般分为A、B、C三组题：A组题以理解为主，题目较简单，知识的应用较为直接；B组题以熟练掌握为主，题目较复杂，知识的应用较为灵活；C组题以熟练运用为主，题目的综合性较强，能运用所学知识分析和解决较为复杂的综合问题，从而形成数学的思维能力、运算能力和解决实际问题的能力。

学习较轻松的学生要求做完A、B、C三组题，中等生要求做完A、B两组题，学习困难的学生要求做完A组题。学生在答完必答题的基础上，教师鼓励学生再做较高层次的题，为所有学生的有效学习创造良好的条件。对没有独立完成必答题的学生，教师要个别辅导帮助他们完成任务，并鼓励他们迎头赶上。通过 A 组题使学习困难的学生"吃得了",通过 C 组题使学习较轻松的学生"吃得饱"。

(3)作业层次化,巩固拓展。各层次学生的作业内容、数量、要求不尽相同,作业题也分为 A、B、C 三组,三组题分别相当于或略高于基础、提高、拓展三个层次。不同层次的学生完成不同层次的作业题,强化了学生对知识的理解和掌握,同时培养了学生对数学的兴趣,发展了学生的数学特长。

3. 教学评价层次化,增强每个学生成功的信心

不同层次的学生,在课堂上的心态不同:成绩好的同学在积极的情绪状态下学习,表现出朝气蓬勃、思维活跃、想象丰富、乐于表达等特点,易于探索、发现新知识;学习困难的学生在消极的情绪状态下学习,表现出消沉、思路阻塞、思维迟缓等特点,大脑皮层处于抑制状态,从而难以积极思考,更难以探索创新,以致影响对知识的理解和掌握,影响对学习的兴趣和热情。

因此,课堂教学必须采用多种激励手段,把不同层次学生的智力与非智力因素全部激发起来,使学生独立思考、探索创新。

(1)制定评价模式。如表 4-1 所示。

表 4-1　评价模式

A:横向评价	组长之间
	相同学号组员之间
	各小组之间
B:纵向评价	组内各组员之间
	全班同学之间

(2)创设平等的评价环境和多元的评价内容。根据初中生的年龄特点和心理特征,让评价贯穿教学的各个环节,进而优化教学过程。评价的内容应包括学习成绩的评价及学习能力、学习态度、学习方法、实践能力等的评价。在教学中,同一层次学生之间、各组之间开展竞赛,能够使学生产生心理平衡,在评价中充满信心,这就自然地创设出一个平等的评价环境,调节和控制了不同层次学生课堂上的学习情绪。例如,实验班有 48 名学生,通过数学学科的成绩检测、智力检测及非智力因素差异把全班学生分成 6 个级别,

每级别8人，然后龙摆尾式分别取各级别中的1人组成1组，共组成8个组，每组6人。每组中第一级别的学生担任组长，5名组员按成绩高低编成1～5号。每组的组长为第一层次，1～3号为第二层次，4、5号为第三层次。这样各组的组长是同一级别，相同学号的组员是同一级别，各组之间水平相当。例如，某组中5号同学，总认为自己基础差，与好生相比相差甚远，因此情绪低落，沉默寡言。通过各组5号同学之间开展竞赛进行评价，在评价中他始终名列前茅，尝到了成功的喜悦，情绪高涨，后来由5号升为2号。

（3）在评价中加强量化管理。①制定小组和个人记分表。②定期评比。一般情况下，学习一章评比一次。

（4）在评价中开发和发展学生的潜能。通过教学评价层次化，使不同层次学生的自尊心、自信心、好胜心、责任感、荣誉感得到充分体现。例如，在一节课的课堂练习中，由各组中的5号组员来参加竞赛，结果其他组的5号同学在规定的时间里都做对了，组内的同学为其热烈鼓掌，只有一个组的5号同学做错了，影响了全组的成绩，教师没有批评他，反而对他勇于参与的精神进行了充分肯定，并鼓励他在下次竞赛中取得好成绩。这名同学原本是位上进心不强、学习不努力的学生，可今天听到老师鼓励的话语，看到组内同学焦急的目光，他坐不住了，当时就说"老师，咱们明天见"。这样有效调动了学习基础较差、学习不努力的学生的学习积极性，挖掘出他们潜在的积极因素。再比如，某组的1号同学，经过一章的学习之后，下降成为某组的4号组员，可喜的是又经过一章的学习后他再次当上了该组的组长，全班同学都为之振奋。通过在各组之间开展竞赛进行评价，变原来每个学生的学为小组集体的学，利用学习困难学生的进取心和组长的责任心，使全体学生之间相互帮助、相互促进。

（四）数学分层次分组教学法的实践效果

1. 提高了学生的学习成绩

数学分层次分组教学法调动了不同层次学生的学习积极性，使全体学生获得了成功，大幅度提高了教学质量和学生的学习成绩。

2. 统一要求与因材施教相结合

数学分层次分组教学法使教师从多种多样的个性中概括和把握学生共性，把教学措施主要建立在学生共性的基础上，提出统一要求，针对不同层次学生的认知水平，选择相适应的学习内容，照顾学生的学习水平和能力的差异，实现因材施教。

3. 情感和认知相结合

数学分层次分组教学法适应上、中、下不同层次学生的情感需要，使其在教学中形成一种很强的心理优势，成为智力活动的正确导向。学生在教师的点拨、引导和激励下努力学习，使情感和认识相结合、相适应，充分发挥学生在教学中的主体作用，促进学生个性的健康发展。

4. 有效地培养和利用学生的优良意志品质

数学分层次分组教学法科学地设计了符合不同层次学生认知水平的各个教学环节，不同层次的学生都受一定目标的支配，并经过一定的努力就能获得成功，增强了学生在认识过程中克服各种困难的自信心，有效地培养了学生学习数学的自觉性、坚持性等意志品质。

5. 发展了不同层次学生的思维

数学分层次分组教学法将教材的教学目标划分成不同层次，启发引导学生思考、探索、创新，在教学的全过程中，均按照数学特有的思维顺序展开，不断进行深层次挖掘，无疑是对不同层次学生进行了潜移默化的示范与诱导，启动了不同层次学生的思维，使其得到充分发展。

6. 建立了民主、信任、和谐的师生关系

在数学分层次分组教学法中，教师尊重不同层次学生的特点和心理需要，精心设计问题，组织课堂竞赛，让不同层次的学生都有较多表现机会。教师则淡化自己的权威，突出学生主体，鼓励学生自主学习、探索创新，对学生每个微小的进步，教师都满怀热情地鼓励，不放弃任何一个学生，让不同层次的学生均能尝到成功的喜悦。学生对教师的信赖感、亲切感增强，从而形成课堂教学的合力，提高课堂教学效率。

实践使我们深深体会到：分层次分组教学法，能创设一个弹性的学习环

境，同时创造一个动态的教学环境，从而利用这个外在的条件去调动学生的学习积极性，增强学生学习数学的自信心，使学生对数学的学习具有持久的推动力。

第二节 不同年级学生数学素养提升策略

一、七年级学生数学素养提升策略

很多学生刚进入初中，对各学科都有着浓厚的兴趣，可是有的学生上数学课没多久，兴趣就慢慢消失了，这几乎成了七年级数学教学的普遍问题。长期以来，教师为保持学生的学习兴趣进行了不懈的努力。但师生双方进行教学活动的主要依据——教材却左右着教学改革和教学进程，直接影响学生对数学学习的兴趣。而教材内容安排新颖合理、生动活泼，对学生很有吸引力。只要教师教法得当，就能比较容易地激发学生的学习兴趣。那么，面对教材应该如何才能提高学生的学习兴趣呢？经过不断探索和实践，笔者认为应该从以下四个方面入手。

（一）要充分把握起始阶段的教学

"良好的开端是成功的一半"，这是教材编写者的指导思想。七年级学生翻开刚拿到的数学课本后，一般都感觉新奇、有趣，想学好数学的求知欲较为迫切。因此，教师要不惜花费时间，深下功夫，让学生在学习的起始阶段留下深刻的印象，产生浓厚的兴趣。

例如，在教学第一章时，可让学生参与部分实验。在本章结束后，可以利用课外活动举办一次自由形式的讨论，在讨论的过程中，可以对学生设计"数学难学吗？有用吗？数学是不是都这样有趣？基础不好的同学能不能学好？"等问题，并使其展开讨论，以诱发学生的学习兴趣。又如，在教学第一章"展开与折叠"时，让学生两两一组互相制作，学生积极地认真画、剪、叠，又互相验证。再如，在教学截一个几何体时，可利用切豆腐的方法，化难为易，从而激发学生的学习兴趣。

正如教材所要求的目标：七年级数学起始阶段的教学，侧重消除学生害怕的心理，提高学生的学习兴趣，以数学的趣味性、教学的艺术性给学生以感染，使其像磁铁上的铁屑离不开磁铁一样，向往着教师，向往着数学学科。

（二）求新、求活，以保持课堂教学的生动性和趣味性

七年级数学比较贴近生活实际，具有很强的知识性、现实性和趣味性。因此，它以丰富的内容提供教学中诱发学生情趣和动机的酵母。新教材还抓住了七年级学生情绪易变、起伏较大的心理、生理特点，要求以"活的东西去教活的学生"，来培养学生持久的学习兴趣，全面提高他们的素质和能力。对此，笔者的具体做法如下所示。

1. 注重课堂教学中的引入环节

在课堂引入中，教师可以运用各种形式和各种手段充分调动起学生的积极性，唤起他们的参与意识。例如，在引导大家学习"圆柱与圆锥"的知识时，笔者便充分利用了多媒体教学一体机，在课堂伊始播放流水的声音，瞬间吸引了学生的注意力，喧闹的教室马上安静下来。见此，笔者立即又用教学一体机展示了流水通过圆锥形的管道口注入圆柱体水池的动态视频，以及圆锥和圆柱的三维立体图，在视觉和听觉上给予学生双重刺激，引导其快速融入对圆锥体和圆柱体的学习中。为帮助大家理解圆锥和圆柱体积的关系，笔者利用教学一体机模拟了装满水的圆锥向空圆柱注水的动态过程，三次才将圆柱体完全注满，以此帮助大家理解圆锥的体积公式。多媒体教学一体机集红外触控技术、智能化办公教学软件、多媒体网络通信技术、高清平板显示技术等多项技术于一体，通过声音、图像、视频、光影创设了良好的数学教学情境，激发了学生的数学学习兴趣。

2. 充分让学生参与实践操作

教材针对七年级学生喜欢观看、喜欢动手的性格特征，安排了大量的实践性内容。教师尽可能利用自制教具优化课堂结构，以激发学生的学习兴趣。在教学中，笔者把学生分成了几个小组（自由组合），请他们做笔者的助手，并一起准备实验器材，进行实验演示。通过实验操作，既规范了学生的劳动、

行为习惯，又使他们在参与活动的过程中认识了自我，产生了兴趣和求知欲。此外，教师精练的语言、变化得当的语调、设计合理的板书、优美雅观的字体、丰富的知识等都能激发学生的学习热情和学科情感，达到"亲其师，信其道"的效果。

（三）注重学习方法指导，培养良好的学习习惯

教材以"指导教法，渗透学法"的思想，在每章节内容的编排上安排了"做一做""想一想""议一议""读一读"等栏目，独具匠心，令书本面目一新，其宗旨就是设法使学生学有趣、学有法、学有得。同时，教材对教师的教法也提出了更高的要求。在教学实践中，笔者从兴趣教学入手，侧重于按照以下四个环节进行教学。

1. 培养阅读习惯

在阅读前出示阅读题，如在教学"角的度量与表示"时，可出示阅读题：我们以前用刻度尺测量线段的长短，那我们用什么来度量角的大小呢？角的表示方法有几种？表示的过程中应注意哪些问题？阅读完毕后或通过提问，或以评估的形式来检查阅读效果；或有计划地组织学习小组，以讨论的形式探讨阅读内容。同时，鼓励学生在阅读中找出问题，并不失时机地表扬在阅读中有进步、出成绩的学生，使学生有获得成功的喜悦，从而产生兴趣，养成阅读的习惯。

2. 培养讨论的习惯

教师通过有针对性、合理的提问，引发学生进入教学所创设的教学情境中，引发他们积极探讨数学知识，逐步培养他们的思维能力和讨论的习惯。特别是一题多解的题目或需要分类讨论的问题，如在教学"绝对值""列方程解应用题"时，就有很多需要分类讨论的题目。由此引导学生3～5人一组进行讨论，归纳出相应的方法和规律。

3. 培养观察能力

学生对图形和实验的观察特别感兴趣，他们的缺点是思维被动、目的不明确，这就需要教师引导他们有的放矢、积极主动地去观察。可采取边观察

边提问、边引导学生对变化原因、条件、结果进行讨论的方式；也可以创设教学情境，把学生带入较熟悉的环境中去观察。

4. 培养小结习惯

根据教材的要求，在实际教学中或让学生上讲台进行小结评比，或以板报的形式张贴几个学生的小结，或在课余时间对互帮互助小组双方的小结进行评比，从章节、小节慢慢过渡到课时小结。由于经常强调自己去归纳、小结，学生记忆效果明显，认识结构清晰，学过的知识不易遗忘。教学实践表明，只有正确的学法指导，才能使学生站在教学的主体位置上学有所获，养成良好的学习习惯，同时还能保持他们对数学的学习兴趣。另外，教师还可以以讲故事的形式、质疑的形式、列举生活中数学现象的形式引入教学，以简单明了、深入浅出、气氛畅然的开课调整学生的心理状态，激发他们的学习兴趣。

（四）开辟第二课堂，展示闪光点，激活学生的求知欲

七年级数学的自然性、实用性决定了开辟第二课堂的重要性。根据新教材的提示与要求，笔者经常利用课余时间开展数学兴趣小组活动，举办数学知识猜谜、小制作比赛、拼图游戏等。丰富多彩的课余活动生动有趣、吸引力强，可以拓宽学生的知识面，发展他们的个性特点和创造力，也可以挖掘他们的潜能，在他们的闪光点上做文章，让他们领略成功的喜悦，感觉路就在脚下。这样他们就会兴趣盎然、信心百倍地去继续追求成功。

除此之外，教师还需要给学生打气，多鼓励他们，并充分肯定他们的动手能力，对他们成功的地方给予表扬，使其开始对学习数学感兴趣。这时，教师还应趁热打铁，教导他们上课要认真听讲，行为要规范，做个好学生，引导他们逐步学好数学。

以上只是笔者个人在教材教学过程中一点粗浅的看法，还望各位同人给予指教。如何用好教材，教师在实际教学中，其方法、措施是多种多样的，体会也各不相同，还有待于研究和探讨，以期真正胜任教材的教学改革。

二、八年级学生数学素养提升策略

数学素养是人们在学习和生活中学习一些数学知识和技巧，积累数学经验，最终应用于日常生活中，在遇到数学性难题时利用自身积累的数学知识和方法成功解决难题的重要品质。八年级的学生已经掌握了一定的数学基础知识和能力，这个时期是培养其形成健全、完善的数学素养的关键时期，故教师应当优化数学教学，引导其形成良好的数学素养。下面，笔者将从"优化授课模式和教学方式，激发学生的学习热情和自主性""引导学生采用三遍审题法，培养其养成良好的学习习惯""提升学生的数学解题思想能力，完善其解题方法""引导学生做好重点和难点的汇总，促进其数学经验的积累""优化提问方式和评价方式，塑造学生对数学学习的信心""优化趣味性和实践性的作业布置，提升数学实践能力"这六方面入手，针对如何提升八年级学生数学素养展开浅显的探究。

（一）优化授课模式和教学方式，激发学生的学习热情和自主性

传统的数学授课模式往往不够注重学生的主体地位，通常以教师口头讲述知识点为主，学生之间缺乏很好的思维交流，不利于调动学生的自主性和学习热情。笔者认为，数学教师应当深刻剖析自身的授课模式和教学方针，改变这种略显枯燥乏味、形式单一的授课模式，采用类似自主教学和生活化教学等科学高效的教学方法。翻转课堂也被称为"颠倒课堂"，在翻转课堂上，学习的主动权真正落到了学生手中，"课上信息传递，课下消化吸收"的传统格局也被打破，转而改为学生"首先在课下消化吸收信息，随后在课上进行信息传递"，这一课堂教学模式的翻转显然更有助于促进学生积极、主动地吸收知识和消化知识，并促进包括自主探究学习能力等素质在内的综合修养的更好发展。传统的数学授课模式往往不够注重学生的主体地位，相比之下，翻转课堂最突出的特点在于将学习的主动权重新交还给学生。可以说，颠覆原本的教学环节是翻转课堂的显著特征之一。笔者认为，数学教师应当深刻剖析自身的授课模式和教学方针，利用微课改变这种略显枯燥乏味、

形式单一的授课模式，优化翻转课堂教学，提升学生的学习自主性和自发性。例如，在教授"实际生活中的反比例函数"的相关知识时，笔者在课堂之初便引导学生自主预习该章节的知识，鼓励大家以小组为单位，利用刚刚学习的反比例函数知识联系生活实际，寻找生活中具有反比例函数性质的事例，并用视频的形式记录下来。在经过三天的实地考察和小组讨论后，学生整合了实例视频，具体内容如下。

中心超市购进了一种新型彩色电灯，每个进价30元，在营销过程中发现电灯的日销售单价 x 和日销售量 y 之间存在着如下关系（表4-2）。

表4-2　日销售单价 x 和日销售量 y 的关系

日销售单价 x/元	40	50	60
日销售量 y/个	15	12	10

于是笔者请学生在课上结合此实例的数据在平面直角坐标系中描出实数对 (x, y) 的对应点，然后猜测并确定 x 与 y 之间的函数关系式并画出图像。

笔者注重把握课前预习部分，以节省课堂时间，帮助学生切实体会生活中反比例函数的知识。

（二）引导学生采用三遍审题法，培养其养成良好的学习习惯

在遇到数学问题时，审清题意、明确题干和问题点是初步了解问题、深入探究问题，以及最终解决问题的关键。因此，笔者在教学过程中便时常提醒学生要认真读题，采用三遍审题法仔细审题，鼓励大家做到以下三点：第一遍审题时粗略阅读，审清题干和问题点；第二遍审题时要仔细阅读，在题干上画出有用的已知条件和信息；第三遍审题时重点阅读和分析问题，结合已经掌握的数学知识解决问题。例如，在学习"一次函数"的内容时，学生经常会遇到各种各样的应用题，如某产品每件成本10元，试销阶段每件产品的日销售单价 x（元）与产品的日销售量 y（件）之间存在当 x（元）为"15、20、25、30……"时，y（件）为"25、20、15、10……"的关系，请在草稿纸上描点，观察点的分布，建立 x 与 y 的恰当函数模型。思考要使每日的销售利润最大，每件产品的销售价应定为多少元，此时每日销售利润是多少元。

笔者请学生首先通读全题，审清题干信息和三个问题点的内容，随后请学生再次读题，用铅笔在题干上标注出重要的数字信息，并引导学生结合掌握的一次函数知识，根据题目要求，先利用图表一一对应该产品的日销售单价和日销售量的关系。最后，笔者请学生结合所学的一次函数知识为以上数学问题构建正确的方程式，通过求算一次函数的方程来解答该数学难题。

（三）提升学生的数学解题思想能力，完善其解题方法

数学思想方法即人们在生活中遇到非数学性难题时，转换思维应用数学的思考方式，利用自身积累的数学知识和方法去分析该难题，观察和发现其中所蕴含的数学现象，探索其反映的数学规律，最终成功解决问题的过程。提升八年级学生的数学解题思想和方法是提升其数学能力的重要环节，也是培养其数学素养的关键。笔者在数学教学中便曾经多次采用游戏化的教学方式，帮助学生在轻松愉悦的课堂氛围中提升自身的对应、比较、统计的数学解题思想和方法。例如，在学习"数据的集中趋势"的相关内容时，笔者请学生思考如何快速求出"15、17、18、20、22"这几个数的平均数，并请大家回顾算术平均数的概念和计算方式。随后，根据最近的数学测验成绩创设了如下数学情境：60分的学生有2人，80分的学生有8人，90分的学生有5人，请大家思考以上学生的平均成绩。借生活实际为大家指明2、8、5分别是60、80、90的权，由此引出数据的权这一概念。最后，笔者请学生结合算术平均数的计算方式和特点，体会加权平均数的概念和性质，并请学生将二者进行比较，深入理解这两项数学知识。笔者提倡众教师设置与章节内容相关的启发式问题，引用贴近学生生活的例子，给予其亲切感和代入感，引导他们在遇到难解题型时结合以往的做题经验和知识积累，找出两者的相似点巧妙答题。

（四）引导学生做好重点和难点的汇总，促进其数学经验的积累

八年级数学知识点繁多且较为抽象化，理解起来稍有困难，因而教师要注重随堂测试和课后练习环节，帮助学生在课上及时巩固数学知识。例如，

在学习了"二次根式"内容后，笔者为学生规定了 15 min 的时间，请他们快速练习本章内容的课后习题并上交，以课后习题随堂测试的方式帮助学生及时巩固该知识。随后，笔者结合学生的做题情况和集中犯错点在黑板上出了几道二次根式乘除和加减混合运算的题，带领全班一起运算、解答，帮助学生梳理运算法则，引导大家掌握重难点知识。最后，笔者请学生以同桌为单位，两两互考，给彼此出题交换作答，以达到巩固知识的目的。另外，八年级知识庞杂，为帮助学生清晰、准确地掌握各项数学知识，教师应时常引导学生对知识进行巩固和复习，鼓励其牢固掌握所学知识。笔者便时常鼓励学生每学完一章的内容就自行在 A4 纸上构建知识网络，从大标题汇总到小标题，一层层梳理该章节中的知识点；同时请学生准备错题本和笔记本，专门记录学习中遇到的难题和难点，并鼓励大家根据教师的讲解和自己的分析，联系生活实际整理成适合自己的学习本，引导其在课后或考试之前多翻阅错题本和笔记本，深化学习重难点知识。笔者相信，加强随堂测试、课后练习，以及引导学生加强对数学知识重难点的整理，能够在很大程度上强化学生的数学积累，久而久之定能提升其数学素养。

（五）优化提问方式和评价方式，塑造学生对数学学习的信心

众所周知，有问必有答，教师应善于在问题中引导学生向正确的思维方向思考，但这并不意味着去束缚学生的思考模式。故面对全班学生五花八门的答案，笔者认为教师首先要做的就是拓展自己的思维，要勇于接受和尊重学生答案的多样化，同时做出公正、客观和善意的评价。在以往，我们在课堂上常听到教师对学生直言不讳的评论。例如：你怎么可以这么想；你的答案偏离了问题；你这么回答毫无根据，而标准答案应该……；等等。

以上言论在很大程度上挫败了学生思考问题的积极性，久而久之也就导致了教师提问全班无人敢回答亦无人想回答，最终教师只能按照参考书读出"标准答案"的被动局面。数学的教育教学是一个人与人之间语言交流和思维碰撞的过程，教师既是课堂的引导者，也是其中的参与者。

因此，教师在课堂提问的过程中，要善于引导学生的思考方向，更要尊

重他们的主体地位，懂得倾听和接受每个学生思想的声音，加强问答环节与学生的思维互动。教师应当多多使用"你很棒，这样想也不失为一个思考问题的好角度"等鼓励性评语来增强学生在课上回答的信心，以激励其在日后学习生活中养成勤于思考、勇于表达的好习惯。

（六）优化趣味性和实践性的作业布置，提升数学实践能力

在传统的数学课堂教学中，作业布置往往以课后题、报纸、练习册为主，书面化、刻板化的作业布置在一定程度上会局限学生的思维，且略显单调和乏味，使数学知识脱离生活实际，不利于其知识的积累，亦不利于提升其数学素养。因此，笔者提倡数学教师改善课后作业的布置，增添具备实践性和趣味性的课后作业，提升学生的实践能力，鼓励大家养成勤于动手、勇于实践、善于观察的好习惯，引导学生用实践的方式进行数学知识的探索，帮助其不断积累数学经验。例如，在学习八年级上册第十二章"数据的描述"的相关内容时，笔者便请学生统计班上同学喜欢的动物的种类及相应人数，并制作成表格，表格样式如表4-3所示。

表4-3 班级中同学喜欢的动物的种类及相应人数

喜欢的动物	猫	狗	兔子	狮子	长颈鹿	孔雀	斑马	大象
相应人数								

随后，笔者请学生在课堂上将该表格进行分享，并引导全班学生根据数据的汇总制作条形图、扇形图、折线图、直方图等多种统计图，以提升学生数据收集、整理、统计的能力，并帮助其巩固统计图和统计表的数学知识，更重要的是，此项作业还可以加强全班学生之间的交流，提升班级的凝聚力和向心力。

综上所述，初中数学教师应当不断与时俱进，优化自身的教学方式和授课模式，根据学生的数学心理和学习情况不断调整自己的教育方针和教学理念，用启发式和趣味性的方式引导学生积极参与数学实践活动，以巧妙的方式引导他们积累数学经验，提升数学自信心，多布置趣味性和实践性的数学作业，以促进学生数学素养的提升。

三、九年级学生数学素养提升策略

九年级毕业班总复习，教学时间紧、任务重、要求高，学生早已忘记学过的知识。而如何提高数学总复习的质量和效益，是每位毕业班数学教师必须面对的问题。针对如何有效开展数学教学，提升九年级学生的数学素养，笔者进行了浅显的探索和研究。

（一）如何做好初中数学的第一轮复习

1. 第一轮复习的目的是"过三关"

第一，过记忆关，即务必做到记，记准所有的重要知识、公式、定理等，没有准确无误的记忆，就不可能有好的结果。

第二，过基本方法关。例如：待定系数法求函数解析式；用勾股定理和三角函数来解直角三角形。

第三，过基本技能关。例如，给你一道题，你找到了它的解题方法，也就是明白了用什么办法，这时就说明你具备了解这道题的技能。在这一阶段的教学中，教师应该把书中的资料进行归纳、整理、组合，使之构成知识结构。教师可将代数部分分为实数、代数式、方程、不等式、函数、概率、统计初步等；将几何部分分为几何基本概念、相交线和平行线、三角形、四边形、相似三角形、直角三角形、圆等。复习完每个单元后都要做检测卷，重视补缺工作。

教师要牢记第一轮复习的基本宗旨：知识系统化（知识树），练习专题化。

2. 第一轮复习就应注意的几个问题，务必扎扎实实地夯实基础

第一，根据往年中考有些基础题是课本上的原题型或改编变式题，教师务必深钻教材，绝不能脱离课本。

第二，不搞题海战术，精讲精练，举一反三、触类旁通。"超多练习"是相对而言的，不是盲目地多，也不是盲目地练，而是进行有针对性的、典型性的、有层次性的、切中要害的强化练习。

第三，每一天批改检查学生完成的作业，及时反馈。对于作业、练习、测验中的问题，采用集中讲授和个别辅导相结合，或将问题渗透在以后的教学过程中等办法进行反馈、矫正和强化，有利于大幅度提高教学质量。

第四，注重思想教育，不断激发学生学好数学的自信心，并创造条件，让"学困生"体验成功。

3. 心得体会

笔者觉得以知识点来带动题目的复习方法确实是教师最容易理解的一种方法，这种方法能够起到让学生对知识点理解更加深刻的作用，也是学生信心的保证。因此，教师在教学期间针对每个定理、概念、公式，最好是讲出它们的来历或是推理过程，然后立刻以简单的例子加以巩固，然后再加一道中等难度的题目来加强。

在第一轮复习中很难说哪种方法更好，因此教师可以将两种方法结合起来，具体情况具体分析，看什么样的章节需要什么样的资料。此外，在第一轮复习中，教师还要让学生真正自觉自主起来，所以教师必须鼓动、鼓励学生时时刻刻不能放松，每一天都要练习题目，教师讲固然重要，可学生练习更重要，只有加强练习，学生才能明白什么地方不会，掌握得怎么样。

（二）如何上好九年级的数学复习课

1. 深入钻研教材是上好数学复习课的必要条件

有句话说得好："教材钻得有多透有多深，教学方法就有多新有多活。"教师在课堂上的游刃有余完全得益于课前深入细致地钻研教材。在研究教材的同时研究学生学习的基础和学习的困难，找到最佳的突破口，使学生在简单愉悦的学习氛围中经历学习过程。学生课堂上的简单愉悦与一次次的成功体验是教师课前花了 45 min 的几倍甚至几十倍的钻研时光换来的。

2. 精心设计教学环节，组织调控好课堂活动

数学复习课的教学和新授课有着本质的区别，复习的量大，练习的资料多，环节杂乱。因此，精心设计教学环节、组织好课堂教学活动是一项十分

重要的工作。因为学生的注意力不够持久，如果教师在教学中语言生硬直白、缺少情感渲染，学习形式单调而不丰富，就是问、答、写、练，一轮又一轮，学生感觉枯燥无味，也容易疲劳，怎么可能对复习资料感兴趣并持续用心呢？久而久之，学生对学习数学丧失了兴趣和自信心，为后续学习埋下了隐患。课堂上采用多种形式的活动组织教学，激发学生的学习兴趣，以取得更好的学习效果是十分有必要的。因此，教师在每一次活动前都要讲清要求，使每个学生听清要求，必要时做出示范。而若教师没讲清楚，学生听不明白就会出现课堂乱哄哄的低效现象，因此教师要做到既能放得出又能收得回。教师在课堂上要密切关注各小组学生参与学习的状况，及时表扬先进生，为其他人树立榜样。

3. 让学生在熟悉的情境中复习数学，理解数学

情境创设要根据课时资料的需要而设计。活动设计要紧紧围绕课时教学资料的重点，而且要确立一条清晰的主线，用"这根线"把各个环节串起来，使课堂教学构成一个有机的整体，流畅自然中蕴含着和谐与统一。

4. 能动手的尽量让学生多动手

以前有人说过："听了，一会儿就忘了；看了，就记住了；动手操作了，就理解了。"学生的思维是从动作开始的，切断动作与思维的联系，思维就不能得到发展。"手是脑的老师"，说过百遍，不如手做一遍，因此让学生在动手的过程中学习知识是必要的，是高效的。而多数教师在课堂上觉得这样让学生动手去做太耽误时间，不如自我演示来得快。这是十分错误的教学思想。

5. 加强教学研究，促进教师间的经验交流和相互协作，达到共同提高的目的

广大数学教师应该利用备课、教研组活动、课题实验组活动等校本培训形式搭建共同交流、共同发展的平台。对于每一课时的教学资料，可利用课前几分钟，大家在一起说一说自己的教学设想，用新颖活泼、紧扣教学资料而又容易操作的形式，取长补短、相互借鉴，以达到共同提高的目的。

6. 注意反馈矫正的及时性

在课堂教学中，教师应注意引导学生上课集中精力，勤于思考，用心、动口、动手。此外，教师还可利用提问等多种方式得到学生的反馈，一般应把提问、解答、讲评、改错紧密地融为一体，不要把讲评和改错拖得太长，最好当堂问题当堂解决。

7. 注意反馈矫正的准确性

在教学中，我们务必经常深入学生中去了解他们的困难和要求，用心热情地帮他们释疑解难，使他们体会到师长的温暖。

8. 注意反馈矫正的灵活性

在教学中，可采用灵活多样的反馈矫正形式。可提前设计矫正方案，也可预测学生容易出错的地方，在获取信息后，认真分析其问题的实质、产生问题的原因，然后有针对性地实施矫正方案。在检查作业的过程中，要进一步落实学生是否存在抄作业的现象，是否认真订正作业。总之，反馈矫正必须落在实处。我们要主动辅导，及时令其矫正，进一步培养学生的主动性和自觉性。当然，如果我们只强调学生的主动和自觉，而不注意自身的主动和自觉，结果也不尽如人意。

9. 运用新的教学方法和现代教学理念

新课程倡导自主、探究、合作的学习方式，追求平等、合作、对话的师生关系。在数学教学中，透过不一样的数学活动的教学，可以不断完成师生之间、学生之间交往互动与共同发展的过程。在数学课堂教学中，教师要创设有助于学生自主学习的生活情境，激发学生的探究欲望，引导学生透过实践、思考、探索、交流获得知识、培养技能，培养学生的发散思维能力，让他们学会学习，并从中获得学习的乐趣。

10. 营造平等融洽、师生互动的教学氛围

要想创造出一种无拘无束、和谐融洽的教学氛围，教师应该这样做：禁锢的教学思想要解放，潜在的教学思想要诱发，真正满足不同层次的学生，以此来激发学生的求知欲，引发学生的创造潜能。对此，教师除了要完成教材研究，还要把更多的时间用在补习学生基础知识及拓宽优秀生知识面上。

尽量从学生的实际出发，了解学生、研究学生，尊重他们的想法，承认他们之间的差异。只有这样做，才能让每一堂课都焕发出活力，以此降低"学困率"，提高"优秀率"。

11. 务必认真对待教材中的基本概念

比较近两年的数学中考成绩，不难发现学生的数学成绩在逐年提高，数学试卷好像不那么难了，试题的应用性强了，多数考题几乎直接来自课本，或略微变化，得到这些分数就为获得高分奠定了基础。因此，复习阶段要把教材中的基本概念、公理、定理和公式不厌其烦地整理出来，且不可一味抓小放大。列出各单元的复习提纲，透过读一读、抄一抄、记一记等方法加深印象，对容易混淆的概念更要彻底搞清，对个别学生也要采取不厌其烦、反复抓、抓反复的教学态度。

12. 要注意提高答题速度和质量

中考数学一般是 120 min 考查 25 道题目。此考试拉开分数的题目大都集中在每个题型的最后一题，大多学生花在这些题上的时间较多，以至于大部分学生不能全部做完。因此，中考数学一是考查学生的运算速度，二是考查学生的思维能力。所以，学生在复习阶段还应着重做好两方面工作：一是学会对典型试题的拆分和组合，学会从多角度、多侧面来分析解决典型试题，从中归纳出基本图形和基本规律方法；二是结合各类题的特点进行有针对性的训练，提高答题速度和质量，提高应变潜力。另外，在最后的复习阶段中还要加强模拟训练，强化对知识的掌握和答题速度、节奏、经验等方面的积累训练。循环复习，反复强化，才能达到熟能生巧的目的。

13. 指导学生编制错题集反复复习

数学考试成绩往往是由某些薄弱环节决定的。消除这些薄弱环节比做 100 道题更重要。因此，教师可指导学生编制错题集。

首先，将已复习过的资料进行"会诊"，找到最薄弱的部分。在复习备考期间，要想提高成绩，就得降低错误率，除了进行及时订正、全面扎实复习，关键的问题就是找出错误原因，不断复习，进而改正错误。另外，还必须搞清楚是概念理解上的问题、粗心大意的问题，还是习惯性错误（书写不规范、

不良习惯)等。而发现薄弱环节的方法就是做模拟试题并进行有效的评卷，即透过解题、评卷等暴露问题，进而查找、分析原因。

其次，集中力量，攻克薄弱点。模拟试题涉及每个学生的薄弱环节，教师必须指导学生及时记录错题，编制错题集，尤其要对月考、模拟试卷进行认真的分析，查找原因，改正错误，并将试卷进行重新剪贴，分类比较，从中发现复习中存在的共性问题，对那些反复出错的问题要再做一遍，减少差错。

第三节　基于数学素养的初中数学教学设计

本节的内容主要是在数学核心素养背景下，落实所提出的建议，即进行数学概念教学的教学设计。在这个过程中，活动和意图杰出的案例是进行一节完美课堂的基础。前期详细地了解新课标，制定这些法方案，同时根据学生的情况制定。学生面对纷繁复杂的数学概念，螺旋式地接受知识，最终能够达到数学核心素养的目标。

一、"中位数和众数"教学设计

本节课的内容是关于中位数和众数的概念，看似简单的内容，却是培养学生数据分析与数学运算能力的关键。因此，教师在教学中应有针对性地进行教学设计，创设引导情境，让学生在交流合作与讨论中增强自己的数学运算与数据分析能力。这堂课的学习，为学生以后接触数理统计的内容提供了支持。

(一)教材分析

这节课是学生在学习平均数之后进行的。学生有了一定的数据分析基础，为本节课的学习提供了依据。通过本节课的学习，学生了解到概念内容与生活的联系（从生活中来到生活中去），培养学生的多种能力，如数据分析能力。

（二）学情分析

这个时候的学生已经有了逻辑，好奇心和求知欲都比较强。同时他们已具有一定的合作探究能力，但是学生缺乏较强的思维转换能力，数据分析素养较为薄弱。

（三）教学目标

1. 知识与技能

能说出两者的意思，即中位数、众数代表的意思，能根据所给信息找出代表数（数据分析）。

2. 过程与方法目标

通过中位数和众数的学习，以问题为驱动，使用由特殊到一般的研究方法，学会观察、类比分析数据，达到数据分析素养的二级水平。

3. 情感、态度与价值观目标

通过对中位数和众数的学习拓展学生思维，激发其学习积极性，使其感到数学的精彩，获得发现的成就感，养成严谨的学习态度，提高推理能力，达到数学核心素养的培养与提升。

（四）教学重难点

教学重点：理解中位数、众数代表的是什么。

教学难点：通过具体的题目，选择契合的数。

（五）教学过程

1. 引入新知

PPT 展示题目：选取 30 名学生参与运动会短跑，并做出图来表示他们的参赛次数，求这些人参赛数量的平均数（图 4-5）。

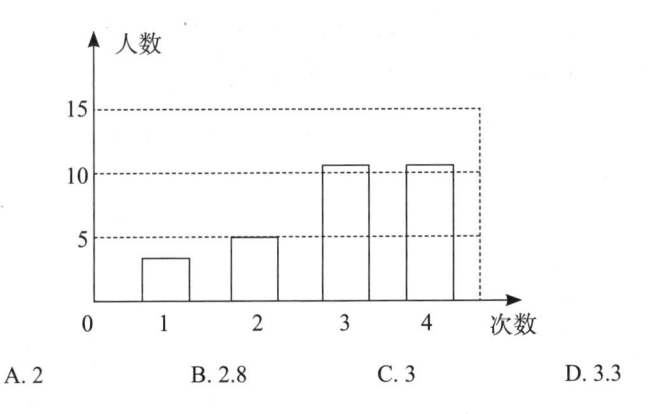

```
           人数
    15 ┊  ┊  ┊  ┊  ┊
    10 ┊  ┊  ┊  ┊  ┊
     5 ┊  ┊  ┊  ┊  ┊
     0   1   2   3   4   次数
    A. 2      B. 2.8      C. 3      D. 3.3
```

图 4-5　求参赛数量的平均数

师：同学们，我们来回忆一下上节课的学习内容。什么是算数平均数呢？什么是加权平均数呢？

师：那请同学们做一下这道题目。

师：同学们，这次活动中 30 名学生参加活动最高的次数是多少次呢？

师：那位于中间的次数是多少呢？

师：这就是我们接下来要学习的知识，也就是中位数和众数。

【设计意图】通过与现实生活相关的题目，复习上节课学习的平均数。以这道题目引出本节课要学习的中位数和众数。这样以问题为驱动的形式，层层递进，来帮助学生回顾上节课的知识，让学生掌握平均数的算法，培养学生的数学运算素养。题目源于生活，能够激起学生的求知欲，以问题为驱动启发思维。这为接下来的教学内容奠定了基础。

2. 创设情境，讲解新课

【活动 1】认识中位数和众数。

根据以下内容探讨（表 4-3）。

表 4-3　某公司员工收入

员工	经理	副经理	职员 A	职员 B	职员 C	职员 D	职员 E	职员 F	杂工 G
月工资/元	7000	4400	2400	2000	1900	1800	1800	1800	1200

经理：我公司员工收入很高，月平均工资 2700 元。

职员 C：我的工资是 1900 元，在公司算中等收入。

职员 D：我们好几个人的工资都是 1800 元。

应聘者：这个公司的员工的收入到底是怎样的呢？

你怎样看待该公司员工的收入？

议一议：

除了应聘者，其他三人所说的是什么意思？

你怎样看待该公司员工的收入？你觉得我们应该用谁说的话来表示平均数？

（学生观察，相互商议，派代表进行总结。教师多加辅助，帮助学生进行分析，进而引出定义。）

多媒体展示两者的定义，如下文所示。

一般地，n 个数据按顺序排列，处于最中间位置的一个数据（或最中间两个数据的平均数）叫作这组数据的中位数，一组数据中出现次数最多的数据叫这组数据的众数。

师：一组数据 1.5、1.5、1.6、1.65、1.7、1.7、1.75、1.8 的中位数和众数分别是多少？

学生计算 $\frac{1}{2}(1.65+1.7)$，即中位数是 1.675，众数是 1.5 和 1.7。

【活动 2】

每个人写一组数据。根据所学内容出题。

【设计意图】运用创设情境的方式，引导学生合作交流、自主探究。

学生之间相互商议，教师慢慢地指引，将问题慢慢转成数学的观点，进而引出定义。这样可使学生的逻辑得到锻炼，提升其数学素养。

【活动 3】

感受三种代表数，它们常常有偏差。这是为什么呢？我们又如何选择呢？

三班有 33 人。期末考试时，小王得了 78 分。老师说了班里同学的分数：3 个 100 分，3 个 90 分，24 个 80 分，以及 1 个 10 分和 1 个 2 分。小王算出

这些人的平均分是 77。所以她回家对姐姐说，这次她的成绩挺好的，超过平均数了。你觉得她算的对吗？

三种数据代表有哪些特征？

【设计意图】由活动一到活动二，以问题为驱动，让学生从具体的生活实例出发，寻求解决问题的方法。这样的方式可以循循善诱，层层推进，由特殊到一般，引出本节课的内容。这不仅能够使学生融入讲堂，也可使其形成整个体系，达到比较不错的效果。

3. 例题讲解

某店有 10 双鞋，由表 4-4 可知这 10 双鞋的大小。它们的众数是_____，中位数是_____。

表 4-4　鞋码和数量表

尺码	36	37	38	39	39.5
购买量/双	2	4	2	1	1

【设计意图】通过前面的活动，学生已经初步理解了所要知道的内容。为了让他们悟透所学内容，将通过例题的形式来强化内容，同时采用了他们能接触到的问题，这就更加显得亲近，使之潜移默化地懂得所学内容。

4. 巩固练习，强化知识

（1）数据 1、2、3、4、5 的平均数是（　　）。

A. 1　　　　B. 2　　　　C. 3　　　　D. 4

（2）某人有以下几种面额的纸币：5、10、20、10、1。哪个面额是中位数？

A. 1　　　　B. 5　　　　C. 10　　　　D. 20

【设计意图】为进一步加深、巩固学生所学知识，教师制定了练习题的方式，对学生进行跟踪训练。题目由浅到深，同时还复习了上节课所学习的内容，结合构建主义理论的思想，将前后所学的知识进行联系，形成知识架构，培养数学建模素养。

5. 总结归纳

①回顾两者的概念；②计算众数与中位数。

【设计意图】做一个简单回顾，发挥学生的主体地位，强化学生的知识体系。

6. 作业布置

安排必做题，勾画本节课的概念图。另安排选做题。

【设计意图】根据学生的心理特点，结合前文所提及的最近发展区，根据学生的差异性，进行层次训练，使学生掌握基础知识，又使学有余力的学生有所提高，同时勾画本节课数学概念的概念图，使得学生对平均数、众数、中位数的掌握进一步加深，培养学生的核心素养水平。

【总结】在课堂上围绕学生进行教学，学生成为主角，老师是辅助者，引入授课内容，创设问题情境，在教师设置的问题引导下，层层递进，同时也可借助多媒体，使课堂上所有人都参与其中，也可展开热烈的讨论与交流，探索本节课的内容。这样的课堂气氛更活跃，更容易培育学生的数学核心素养。

二、"一次函数"教学设计

一次函数的内容可以帮助学生提升数学核心素养，特别是数学抽象、建模、逻辑推理等。关于它的内容具有抽象性，学生接触起来较为吃力，导致提不起兴趣。因此，笔者对这节课的内容做出以下设计，希望能够达到更高效的教学效果，培养学生的各种数学核心素养，如数学建模、数学抽象等。

（一）教材分析

本节内容是学生在学习函数之后进行的，学生对函数知识有了一定的了解，为本节课的学习打下了基础。通过本节课，学生将逆向思维作为方法，体会数形结合。这节课具有重要意义，也是提升数学核心素养的紧要之处。

（二）学情分析

学生已经有了一定的逻辑分析能力，以及综合应用知识的意识，但是缺

乏对知识进行系统化的能力与较强的思维转换能力，数据抽象、数学建模、逻辑推理素养较为薄弱。

（三）教学目标

1. 知识与技能

经历一次函数概念的抽象过程，体会模型思想，发展符号意识，可以写出表达式，做出它的图像，会求 k 与 b，以及 k 与 b 对函数图像的影响。

2. 过程与方法目标

通过本节课的学习，以问题为驱动，将内容由特殊到一般剥离，使学生学会观察、类比、分析题目，达到抽象素养的一级水平与建模、逻辑推理等的二级水平。

3. 情感、态度与价值观目标

经过本节课的学习，使学生体会所接触到的思想，培养学生数学建模的能力，养成严谨的学习态度，提高推理能力，实现数学核心素养的培养与提升。

（四）教学重难点

教学重点：经历一次函数概念的抽象过程；求出表达式，求解 k 与 b 的值。

教学难点：求解 k 与 b 的值，观察 k 与 b 对函数图像的影响。

（五）教学过程

1. 引入新课

写出圆面积 y 与半径之间的关系。

马老师带学生去博物馆。已知成人票一张 15 元，学生票一张 5 元。设共花费了 y 元，学生人数为 x 人，写出 y 与 x 的关系式。

观察这两道题目，总结归纳可得出函数的定义。

PPT 展示：

一次函数的定义：若两个变量 x、y 间的关系式可以表示为_____，则称 y 是 x 的一次函数，特别地，当_____时，称 y 是 x 的正比例函数。

指出下列哪个是一次函数,哪个是正比例函数,并指出 k、b 的值。

$y = -x - 4$；$y = \dfrac{1}{x}$；$y = x^2$；$y = 5x$。

师：什么是一次函数呢?什么是正比例函数?

师：以上 4 个代数式哪个是一次函数哪个是正比例函数呢? k、b 的值又是多少呢?

师：你知道它们的图像是什么样的吗?

师：你知道如何画出吗?

在学生们预习的基础上,引出函数图像。多媒体展示其定义,如下文所示。

把一个函数的自变量 x 的每一个值与对应的因变量 y 的值分别作为点的横坐标和纵坐标,在直角坐标系内描出相应的点,所有这些点组成的图形叫作该函数的图像。

【设计意图】通过定义,引出图像,再引出如何作图,最后完成教学。这样以问题为驱动,层层深入,来帮助学生回顾上节课的知识,让学生进入一次函数的思考中。

通过简单的回忆,使学生有一个思维过渡,引起他们的共鸣,激起求知欲,为接下来的学习奠定了基础。这样可以提升他们的数学核心素养,如数学抽象、逻辑推理。

2. 探索新知

活动一：同学之间讨论探讨,画图 $y = 2x$。

解：

列表：如表 4-5 所示。

表 4-5 计算

x	-2	-1	0	1	2
$y = 2x$					

描点：

将上表中的 x 与 y 分别作为点的_____和_____。

这些点的坐标为（-2,-4）（-1,-2）（0,0）（1,2）（2,4）,在坐标系内描出这些点。

连线:

把这些点依次连接起来,得到 $y=2x$ 的图像(图4-6)。

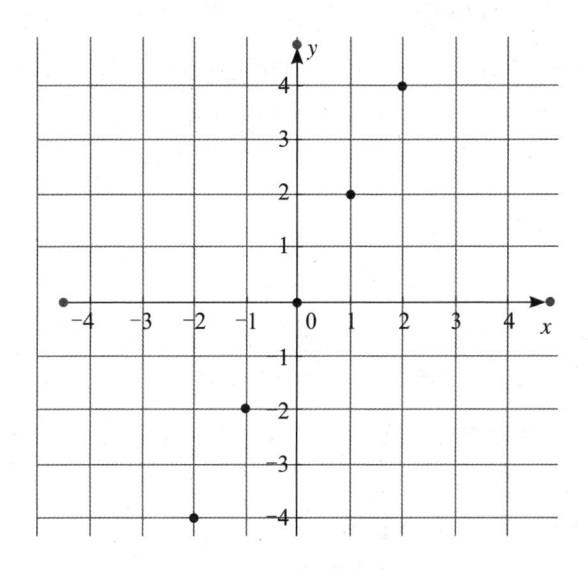

图 4-6 $y=2x$ 的图像

归纳:步骤_____,_____,_____。

活动二:动手实践

学生动手画 $y=2x-1$ 的图像(图4-7)。

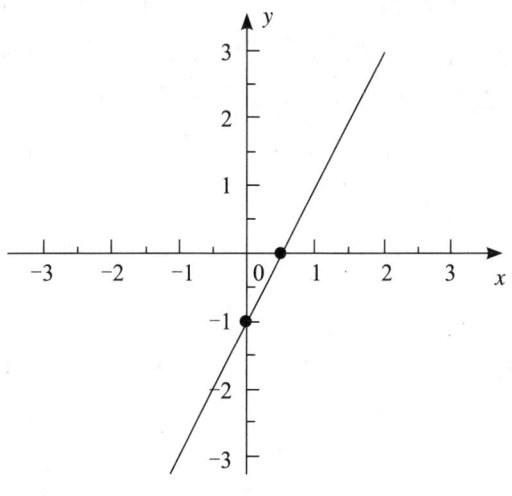

图 4-7 $y=2x-1$ 的图像

师：你能不能给它起个名字呢？

师：这就是我们探讨的内容——一次函数的解析式。

【设计意图】通过创设相关数学概念知识的情境提出问题，引起注意。明确画函数图像的步骤，学生通过自主探究，动手操作，使教学课堂更有活力。这种结合图像学习函数的形式，在学生大脑中形成内容架构，培育其数学核心素养。

3. 例题讲解，灵活运用

活动一：例题学习，感悟新知。

例4：你会画 $y = 2x - 1$ 与 $y = -0.5x + 1$ 的图像吗？

教师引导：方法1，平移法；方法2，描点法。

师生探究，分析例题，先画 $y = 2x$，再向下平移1个单位。先画 $y = -0.5x$ 再向上平移1个单位。

活动二：共同探究，学习新知。

探究：画出函数 $y = x + 1$、$y = 2x - 1$、$y = -x - 1$、$y = -2x + 1$ 的图像，教师引导，学生探讨，思考 k、b 的正负对图像有什么影响？

当 $k > 0$ 时；即 y 随 x _____ 而 _____。

当 $k < 0$ 时；即 y 随 x _____ 而 _____。

$b > 0$ 时，直线交 y 的正半轴；$b < 0$ 时，直线交 y 的负半轴。

【设计意图】由活动一到活动二，以问题为驱动，在老师的辅导下，学生自主学习，动手操作，使学生更具有存在感。这样层层推进，内容由特殊到一般，还运用了一个很重要的思想，即数形结合。不仅让学生融入课堂，也能够使学生形成知识体系，更好地达到课堂教学效果，培养学生的二级逻辑推理与数学建模素养、直观想象素养。

5. 巩固练习，强化训练

（1）对于函数 $y = 5x + 6$，y 随 x 的增大而 _____；反之，y 随 x 的减小而 _____。

（2）下列函数中是正比例函数的是（　　）。

A. $y = -5x$　　　B. $y = \dfrac{-8}{x}$　　　C. $y = 5x^2 + 6$　　　D. $y = -0.5x - 1$

（3）指出下列函数的走向。

A. $y = -2x$　　　B. $y = -2x + 1$　　　C. $y = x - 2$　　　D. $y = -x - 2$

【设计意图】为进一步加深巩固一次函数的有关知识，教师应当布置练习题，跟踪训练。题目同样是通过画出图像，才能知道走向。通过这三道题目，便可以囊括更为具体的学习内容，达到强化学习的目的，同时形成知识架构，培养学生的数学建模素养。这样不仅锤炼知识与技能，同时实现对思维的训练。

6. 总结归纳

如图 4-8 所示。

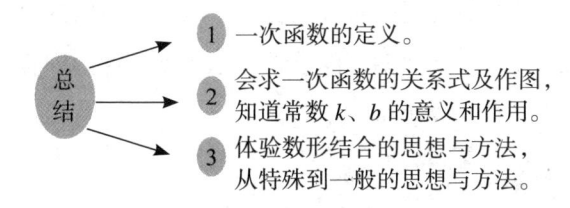

总结：
1. 一次函数的定义。
2. 会求一次函数的关系式及作图，知道常数 k、b 的意义和作用。
3. 体验数形结合的思想与方法，从特殊到一般的思想与方法。

图 4-8　总结图

【设计意图】最后对本节课所学内容做一个简单的回顾。发挥学生的主体作用，强化知识体系。再次复习，形成概念再认识。建立知识架构，培养多种素养，如数学建模。

7. 作业布置

必做题：勾画本节课内容的概念图。另安排选做题。

【设计意图】根据学生的心理特点，以及一次函数的抽象性，对学生进行分层训练。使学生巩固知识，又有所提高，培养学生的数学建模素养。

【总结】教育主要围绕学生而展开，学生成为主角，老师是辅助者。以题目引入授课内容，创设问题情境。在教师设置的问题引导下，在教学过程中借助多媒体，师生之间、生生之间展开热烈的讨论与交流，探索一次函数图像性质的概念内容。这样的课堂气氛更活跃、更容易培养学生的多种素养，如逻辑推理素养。

三、"两条直线的位置关系与对顶角"教学设计

本节课的内容是关于两直线的位置关系与对顶角的概念，看似简单，却与一些素养的培育有联系，如语言表达和逻辑推理、直观想象等。因此，教师应有所指地进行教学设计，创设情境。让学生在学习活动中，运用本节课的内容处理问题，运用数学的语言说明理由，使学生的符号语言表达能力有所提高。因此，接下来将给出本节课的教学设计，希望这堂课的学习，为学生以后的学习提供支持。

（一）教材分析

这节课在前面学习的内容的基础上进行，之前学习的内容都为此打下了基础。它是后面继续学习几何知识的重要基础，本节课的内容培养学生的直观想象素养，进而提升逻辑素养。

（二）学情分析

在学习了前面的内容的基础上学习本节课的内容，有一定的缓冲作用。同时，学生已经掌握了初步的探索活动过程，有一定的观察图形性质的能力，但是缺乏对知识进行系统化的能力和较强的思维转换能力。

（三）教学目标

1. 知识与技能

掌握平行线的概念，通过观察、推理等，促使直观想象能力提升。

2. 过程与方法目标

经过摸索整个过程，掌握两直线的位置关系，使学生达到直观想象素养二级水平，同时达到数学抽象一级水平。

3. 情感、态度与价值观目标

学生通过学习过程拓展思维，积极参与小组对平行线的性质的讨论活动，

敢于发表自己的看法，激发积极性，感受数学的精彩，获得发现的成就感，养成严谨的学习态度，提高推理能力，达到逻辑推理素养的培养目标。

（四）教学重难点

教学重点：掌握一些概念，如相交、平行、对顶角等。

教学难点：探索角之间的关系。

（五）教学过程

1. 引入新课

在同一平面内，两条直线的位置关系有哪两种？

什么叫平行线？如何知道两条直线平行？

【设计意图】通过提出问题，来考查本节课的预习情况。看学生是否能够准确全面地得出答案，及时了解学生上课的状态。

PPT 展示：

（1）两条直线的位置关系：

①在同一平面内，两直线的位置关系有：_____、_____两种。

②_____叫相交线，在_____内，_____的两条_____叫平行线

（2）平行线的表示法：通常用"∥"表示平行。直线 AB 与直线 CD 平行，记作_____；直线 a 与直线 b 平行，记作_____。

一间房子内，有哪些平行线？两直线不是（　　），就是（　　）。

观察、讨论，最后表达自己的建议。

【设计意图】通过提出问题来巩固学生上节课所学习的知识，看其是否能够准确全面地得出答案。

促进他们积极思考，提升多种素养，比如数学抽象能力。

2. 创设情境，探索新知

活动一：设置问题。

师：上节课学习了用什么画平行线？

学生：一把直尺。

学生：一块三角板。

师：好，那想一想。如图4-9所示，我们看到的这些角有何关系？

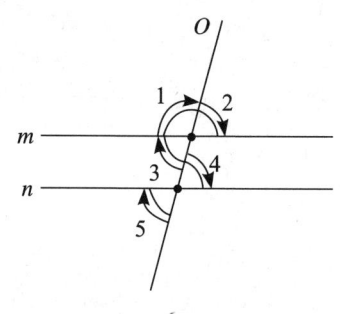

图4-9 问题图

师：用量角器量一量。

小组之间相互讨论，同时用同样的方法寻找相同的角，寻找几个角之间的关系。

教师在教学活动中应关注被截的直线是否平行，同时引导学生分析直线相交的时候，各个角之间的关系。角2与3就是对顶角，这样的角相等。

【设计意图】通过在做中学，自己测量，锻炼学生从特殊到一般的思想，得出我们所要的内容。将其运用到生活之中，培育多种素养，如直观想象等。

活动二：运用与推理。

师：你能根据所知，推理出以下题目吗？如图4-10所示。

师：已知$a//b$，a和c相交，得出∠1、∠3之间的关系。

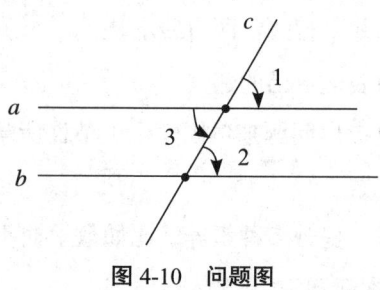

图4-10 问题图

∵ a与c相交，

∴ ∠1=∠3。

类比以上，可得到什么？

学生回答，其他学生补充，教师纠正。教师引导学生观察角与角的关系。

【设计意图】通过具体的问题，理解对顶角。根据所知，摸清角的一切内容。这可以训练观察与语言表达能力，也可培育数学核心素养，比如，逻辑推理。

3. 例题讲解，灵活运用

如图 4-11 所示，三条直线交于一点。$\angle AGB = 30°$、$\angle FGE = 70°$，求 $\angle DGE$、$\angle BGC$。

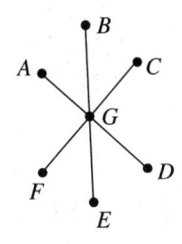

图 4-11　问题图

解：

∵ $\angle AGB = 30°$、$\angle FGE = 70°$

∴ $\angle AGB = $ _____，

∴ $\angle FGE = $ _____。

教师分析引导，降低问题的难度，学生交流讨论，教师及时处理学生提出的各种问题。

如图 4-12 所示，根据图中的内容，思考并填写角与角的关系，并说明理由。

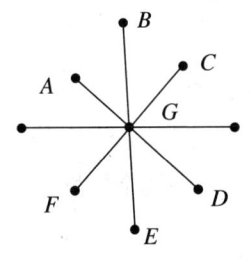

图 4-12　问题图

【设计意图】结合例题讲解的方式，以问题为驱动。自己合作探讨，寻

求处理办法。这样层层推进，内容由特殊到一般，不断地探讨，调动学生的积极性，使其灵活掌握平行线的性质。这不仅可以让学生融入课堂，也能够使学生形成知识体系，更好地达到课堂教学效果，使学生的数学核心素养得到培养。尤其是数学抽象、逻辑推理能力。

4. 巩固练习

练一练：如图 4-13 所示，两直线相交，∠1 = 30°，求∠3。

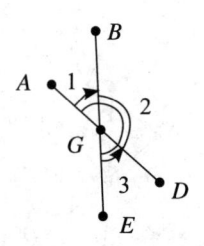

图 4-13　问题图

【设计意图】巩固练习，为加深巩固所学知识，布置练习题。这道题目在前面的学习基础上加大难度，题目由浅到深，通过几何图形的形式出现更具有综合性，不仅培养了学生对两条直线位置关系的抽象性的认识，还培养了学生的数学建模素养。

5. 总结归纳

如图 4-14 所示。

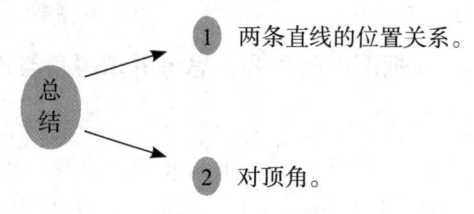

图 4-14　总结图

【设计意图】最后学生自己总结，再由其他学生补充，教师纠正、归纳学生总结所学内容。整个程序都围绕学生展开，强化知识体系，形成概念再认识，建立知识架构。

6. 作业布置

安排必做题和选做题。

【设计意图】在布置作业的时候要结合学生之间的差距,依据心理特点,逐层设计、因材施教。必做题使学生掌握基础知识,选做题使学有余力的学生有所提高。

【总结】围绕学生进行教学。学生成为主角教学,老师是辅助者。以生活实例引入授课内容,创设问题情境。使学生了解知识来自生活,并适用于生活。依据设置的问题引导,在教学过程中借助信息,由浅入深地学习。所有人员都参与到课堂之中,并展开热烈的讨论。概念教学基于数学核心素养的内在联系,触类旁通。这样的课堂气氛更活跃,可培养数学抽象素养、逻辑推理素养等。

四、"不等式与不等式的性质"教学设计

不等式可以帮助学生在思维上产生从运算到推理的变化,从语言到符号的变化。更有针对性的方案,也可达到更好的程度。因此,笔者对"不等式与不等式的性质"的教学做出以下设计:以问题展示开始,创设情境,复习旧知识引入新知识。学生在有张有弛的讲习中交流商议,培养多种素养,如数学抽象素养、逻辑推理素。

接下来,笔者将给出本节的教学设计,希望学生经过本节课的学习,能够为以后学习不等式的解法,以及高中不等式的运用等奠定基础。

(一)教材分析

本节内容是学生在学习等式之后学习的,对即将要学习的解法甚至高中内容来说,都是重要的基础部分。这节课是培养学生的思维的要紧点,具有重要意义。也可提升数学核心素养,比如逻辑推理。

(二)学情分析

学生在经过前期的学习后有了一定的逻辑分析能力,以及综合应用知识的意识。并且学生已经具有想主动处理问题的欲望。但是学生缺乏对知识进行系统化的能力和较强的思维转换能力,数据抽象、逻辑推理素养较为薄弱。

（三）教学目标

1. 知识与技能

理解不等式及不等式基本性质的相关概念，会利用其进行不等式变换。

2. 过程与方法目标

通过以问题为驱动，探索它的性质。学会观察、猜想与类比的思想观点。在这其中发展学生逻辑与数学语言表达能力等。

3. 情感、态度与价值观目标

通过整个程序，培养学生的合作意识，拓展思维，激发积极性，培养多种素养。

（四）教学重难点

教学重点：掌握不等式的三条基本性质，会用三条基本性质进行不等式变形。

教学难点：会利用不等式的基本性质进行不等式变形。

（五）教学过程

1. 引入新课

PPT 展示题目：

探索判断下列 3 个题目是否成立，并说明理由。

（1）若 $x-4=10$，则 $x=14$？若 $2x=10$，则 $x=5$？

（2）那么若 $x-4>10$，则 $x>14$？若 $2x>10$，则 $x>5$？

师：同学们，我们来探索一下，什么是不等式。

教师幻灯片展示，如下文所示。

观察，由上述问题得到：

一般地，用符号"<"（或"≤"），">"（或"≥"）连接的式子叫作不等式。

师：同学们还记得等式的性质吗？小组之间讨论，大胆猜想。

师：好，同学们，你们经过讨论应该已经知道如何做了。

师：那你们能猜想一下不等式的性质吗？

（学生可能争先恐后地回答。）

师：很多同学已经通过课前预习了解到我们今天的学习内容了，那接下来我们共同学习不等式的性质。

【设计意图】第一个问题让学生回忆起等式的性质；第二、三个问题是引导通过抛出问题，提高逻辑推理能力，层层引出授课内容。这样找准旧知识的停靠点，适当引入新知识，给学生提供类比与想象的空间，激起求知欲，为接下来的学习奠定了基础，提升学生的数学抽象与逻辑推理素养。

2. 创设情境，探索新知

活动一：探一探。

∵ 3＜5，

∴ 3＋2____5＋2，3－2____5－2，3＋a____5＋a，3－a____5－a。

（学生通过类比与观察，很明显就能得到答案。）

PPT 展示：

所以，在不等式的两边都加上（或减去）同一个_____，不等号的方向_____，不等式的这一条性质和_____的性质相似。

∵ 3＜5，

∴ $3 \times 2 \underline{\leq} 5 \times 2$，$3 \times \dfrac{1}{2} \underline{\geq} 5 \times \dfrac{1}{2}$。

师：我们可以得到什么？

等号左右都乘_____，不等号_____。

这句话对吗？为什么？

PPT 展示：

等式中"＝"没有方向性，但是不等号"＜""＞"是有方向性的。

小组成员之间探索再验证一下，由小组代表发表小组验证结果。

【设计意图】运用创设情境的教学方式，以问题为驱动，以学生为主体，以教师为主导，引导学生合作交流，自主探究，得到不等式的基本性质的同时让学生在"做"中学，启发学生的思维，有意识地将文字语言转变为数学

语言，提升数学核心素养。

活动二：归纳总结。

PPT 展示：

不等式的两边同乘以一个不为 0 的正数时，不等号的方向不变；

不等式的两边同乘以一个不为 0 的负数时，不等号的方向改变。

师：那在其两边同时除以某一个数时（除数不为 0），情况会怎样呢？请同学们用类似的方法进行推导。

探究之后，PPT 展示。如下文所示。

当不等式的两边同时除以一个正数时，不等号的方向不变；

当不等式的两边同时除以一个负数时，不等号的方向改变。

由此得到不等式的三条基本性质：

不等式的基本性质 1：不等式的两边都加上（或减去）同一个整数，不等式的方向_____。

不等式的基本性质 2：不等式的两边都乘以（或除以）同一个正数，不等号的方向_____。

不等式的基本性质 3：不等式两边都乘以（或除以）同一个负数，不等号方向_____。

3. 例题讲解

例 1：将下列不等式化成 "$x > a$" 或 "$x < a$" 的形式：

$x - 5 > -1$；$-2x > 3$；$3x < -9$。

解：根据其基本性质 1，两边都加上 5，得：

$x - 5 + 5 > -1 + 5$，

即：

$x > -1 + 5$，

即：

$x > 4$。

根据其基本性质 3，两边都除以 -2，得：

$\dfrac{-2x}{-2} < \dfrac{3}{-2}$，

即：

$x < \dfrac{3}{-2}$。

根据其基本性质 2，两边都除以 3，得：

$\dfrac{3x}{3} < \dfrac{-9}{3}$，

即：

$x < -3$。

【设计意图】通过例题的形式，让学生自主探究解题，并用数学语言概括结论，开发学生的抽象概括能力，使学生透彻领悟内容，形成本节的内容概念体系，启发逻辑思维，这是提升逻辑推理素养的关键。

4. 巩固练习

说出变形的原因。

由 $\dfrac{1}{2}a > 3$，得 $a > 6$；由 $a-5 > 0$，得 $a > 5$；由 $-3a < 2$，得 $a > -\dfrac{2}{3}$。

将下列不等式化成"$x > a$"或"$x < a$"的形式。

$x - 1 > 2$；$-x < \dfrac{5}{6}$；$6x < 5x - 1$；$\dfrac{1}{2}x > 5$。

【设计意图】通过第一个练习，加深学生对不等式 3 个性质的理解；通过第二个练习来使学生灵活运用不等式的性质。题目由浅到深，全面考查了符号语言表达能力及大脑反应能力，达到培养数学核心素养的目标。

5. 总结归纳

如图 4-15 所示。

总结 → ① 理解掌握不等式的三条基本性质。

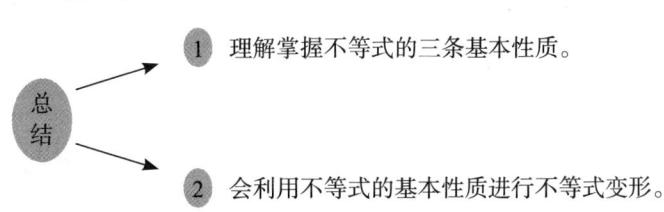

总结 → ② 会利用不等式的基本性质进行不等式变形。

图 4-15　总结图

【设计意图】总结归纳的设计，是对本节课所学内容的简单回顾。教学

围绕学生而展开，让其在脑海中形成内容架构。这样对不等式性质进行再回忆，有利于概念的再认识。这可以培养学生的抽象能力，同时培养多种素养，如逻辑推理。

6. 作业布置

安排必做题，勾画本节课的内容概念图，另安排选做题。

【设计意图】根据学生的心理特点，因材施教，对学生的差异性进行分层训练。必做题打基础，选做题拔高，同时通过勾画概念图，概括不等式性质的内容，进一步强化所学内容，使其内化为自己的知识体系，培养学生的数学抽象素养与逻辑推理素养等，落实培养学生的数学核心素养。

【总结】围绕学生而进行教学，学生成为主角，老师是辅助者。通过前置课引入授课内容，创设问题情境。在问题导向之下，使学生慢慢进入状态，提升他们的逻辑推理能力。在这个过程中又借助 PPT 直观展示。学生们展开热烈的讨论与交流，一起探索本节课内容，同时发展文字与符号语言的转化能力。

第五章　反思性学习活动培养初中数学反思素养的实践研究

第一节　反思性学习活动概述

一、核心概念界定

（1）反思：作为哲学概念，是借用光反射的间接性意义，指不同于直接认识的间接认识。

（2）学习活动：在学校教育背景下，由学生发起、调控、完成的一系列外部学习行为和内部学习心理活动。

（3）反思性学习活动：在本课题中是指教师在教学过程中创设相关学习活动，引起、促进学生进行自我反思、自我构建。根据教学过程的环节具体可分为以下几种：①课前复习反思活动；②课中总结反思活动；③课后巩固反思活动。

（4）数学反思性学习活动：通过对数学学习活动过程的反思来进行数学学习的活动，用元认知的理论来描述，反思性学习活动就是学生对自身数学学习活动的过程，以及活动过程中涉及的有关事物（材料、信息、思维、结果等）和学习特征的反向思考。

（5）反思素养：本课题中指学生具有对自己的学习状态进行审视的意识和习惯，善于总结经验；能够根据不同情境和自身实际，选择或调整学习策略和方法的品质或能力。

在2016年9月，北京师范大学发布了《中国学生发展核心素养》的总体框架，在框架中综合表现为人文底蕴、科学精神、学会学习、健康生活、责任担当、实践创新六大素养，具体细化为国家认同的十八个基本要点。"勤

于反思"就是"学会学习"中的一个要点，同时"勤于反思"也是反思素养的一个特点。

二、相关文献综述

（一）外国相关文献综述

在西方，"反思"一词最早来源于哲学，通常被认为是精神的自我活动与内省的方法。国外公认的较早对反思进行系统研究的人是20世纪早期的教育思想家约翰·杜威（John Dewey），他提出，教育的根本目的之一就在于帮助人们获得反思习惯。他认为："反思是问题解决的一种特殊形式，它是对于任何信念和假设性的知识，按其所依据的基础和进一步结论而进行的主动的、连续的和周密的思考。"他在《我们如何思维》一书中提出了教学反思五步法：从情境中发现疑难，从疑难中解决问题，做出解决问题的各种假设，推断哪一种假设能解决问题，经过检验来修正假设，获得结论，即困难、问题、假设、验证、结论。书中不仅探讨了反思性思维的重要性，也让我们看到反思不是一般意义上的回顾，而是对自己的思维过程及思维结果有意识地进行科学、审慎、批判性的回顾、分析和检查，同时对自身的体验进行理解、描述和总结的过程。

美籍匈牙利数学家波利亚在《怎样解题：数学思维的新方法》一书中提出把数学解题过程分为四个步骤：①理解题目，即清楚地了解问题，弄清它的主要部分；②拟订方案，即在弄清已知与所求之间的关系的基础上制订出解题的计划；③执行方案，即实现解题方案；④回顾，即检查已得到的解答。其中，回顾环节事实上也就是解题结束后的反思过程，波利亚是通过提出下列问题来帮助学生进行反思的："你能检验这个结果吗？""你能检验这个论证吗？""你能以不同的方式推导这个结果吗？""你能在别的什么题目中利用这个结果和这种方法吗？"。这表明波利亚十分重视解题过程中对解题结果的反思。

在西方国家，自20世纪80年代以来，"反思"一词越来越多地被人们

加以引用，很快影响了其他国家，现已成为国际教师教育领域广为流行的时代性语言。在反思性教学方面，美国蒂莫西·G.里根（Timothy G. Reagan）在《成为反思型教师》中对教学、职业伦理及反思性实践进行了讨论，并对在成为反思性实践者的过程中，教师所需要做的事提出了建议。

反思在当代认知心理学中属于元认知的概念范畴。元认知就是人们关于自身认知过程、结果或与它们有关的一切事物，如与信息或材料有关的学习特征的认知。它包括元认知知识、元认知体验、元认知调控三个因素。用元认知的理论来描述，反思性学习就是学生对自身学习活动的过程，以及活动过程中所涉及的有关的事物、材料、信息、思维、结果等学习特征的反向思考。因此，反思性学习就不仅仅是对学习的一般性回顾或重复，而是深究学习活动中所涉及的知识、方法、思路、策略等，具有了较强的科学研究的性质。反思的目的也不仅仅是回顾过去或培养元认知意识，更重要的是指向未来的活动。

（二）我国的主要相关文献综述

在我国，反思的思想由来已久。早在2500多年前，著名的大思想家、大教育家孔子就曾提出过"学而不思则罔""过而不改，是谓过矣""见贤思齐焉，见不贤而内自省也"等关于反思在学习和自我修养起着重要作用的相关理论。随着反思性教学的兴起和元认知理论研究的逐步发展，关于反思的话题逐渐被教育界所关注。

在《标准》中明确提出，"通过对解决问题过程的反思，获得解决问题的经验""能针对他人所提的问题进行反思，初步形成评价与反思的意识""养成认真勤奋、独立思考、合作交流、反思质疑等学习习惯""通过应用和反思，进一步理解所用的知识和方法，了解所学知识之间的联系，获得数学活动经验""会反思参与活动的全过程，将研究的过程和结果形成报告或小论文，进一步获得数学活动经验"。

1999年，熊川武教授出版的《反思性教学》系统地论述了反思性教学，成为我国从事反思性教学研究的经典。这本书阐述了反思性教学合理性的相

互联系的三个方面。一是反思性教学主体的合理性。书中明确指出这种合理性以主体间性为基础。主体间性是特定主体合理表现自身的主体性与其他主体达成理解的主客观统一性。主体间性要求特定主体有自觉反思的意识和较强的反思能力，坚持理解、宽容、平等对话的行为。这种行为借助行动研究、叙事研究、角色扮演等再现反思性教学主体的合理性。二是反思性教学目的合理性。书中指出，教学主体要明确教学目的必然受制于教育目的，反映社会成员在教育上的需要。通常，教育目的转化为教学目的，使社会需要具体化为教学主体的需要。教学目的在教学计划中恰当定位，与教学客体、教学内容、教学策略等协调一致，指导教学主体行动并转化为教学结果，从而实现自身的合理性。三是反思性教学的工具的合理性。本书将教学工具分为理论工具和实践工具。

南京师范大学涂荣豹教授在其《试论反思性数学学习》一文中提出了反思性数学学习的内容，认为反思性数学学习是相对于操作性数学学习而言的。曹才翰教授及其学生章建跃非常重视并倡导培养学生对学习过程的反思习惯，认为"培养学生对自己的学习过程进行反思的习惯，提高学生的自我评价水平，这是提高学习效率，培养数学能力的行之有效的方法"。

在数学教学方面，柳州十一中的文邦太老师在《培养初中学生数学反思能力的教学模式研究》中提出"问题情境、任务驱动、示范方法、巩固训练"的教学模式。朱建燕在《初中生数学课后反思性学习的教学实践研究》中提出通过课后数学日记促进学生课后反思的观点。李保民老师在《高中生数学解题反思能力培养研究》中分别从学生和教师的角度提出"反思审题过程、反思解题所用知识点、反思解题的方法和规律"。他指出：教师要为学生创设反思情境，增强学生的切身体验；要学习波利亚的提示语，指导学生尝试用于解题；要指导学生建立错题本及反思解题，并学写反思日记；要指导学生在反思中概括，力求"举一反三"；要指导学生对解题反思进行再反思；等等。

第二节　反思性学习活动培养反思素养的实施过程

一、解决问题的具体操作路线

解决问题的具体操作路线可归纳为1个素养、2个维度、3个环节，多种模式，简记为"123"法（图5-1）。

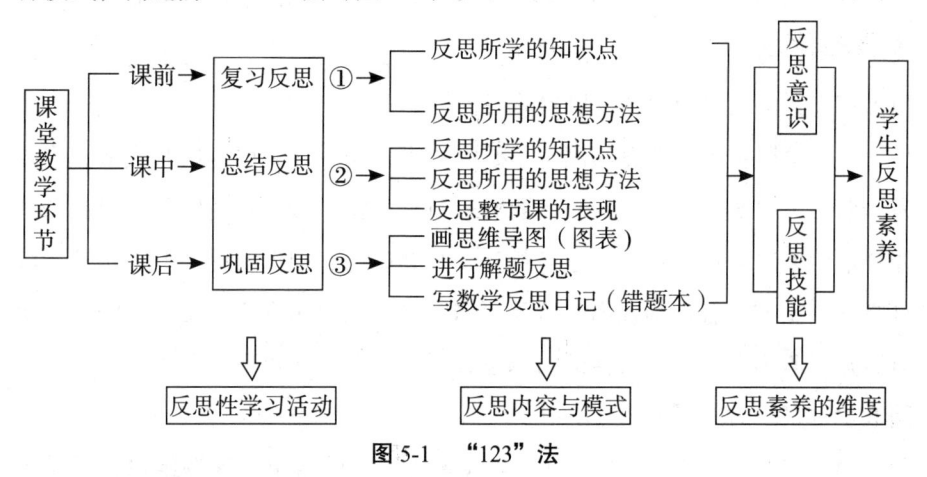

图5-1　"123"法

注：①教师引导反思；②师生共同反思；③学生自主反思。

二、解决问题的方法

为了培养学生的反思素养，从反思习惯（意识）、反思技能两个维度入手。反思习惯的养成通过坚持天天做、天天练来实现，如每天的课堂教学主阵地、每天的反思日记、每天的错题本等活动，都是需要长期坚持的。根据专家的研究，21天以上的重复会形成习惯，85天的重复会形成稳定的习惯，所以反思习惯的养成必须与教学相联系。

反思的技能，根据波利亚的《怎样解题：数学思维的新方法》中解题四步骤、元认知理论等理论知识，要求学生按照"①题目错在哪里？当时是怎么想的？②正确的解法是什么？是如何思考的？③解题过程中用到了什么思想方法？有哪些易错点或者注意事项？"这三个步骤去思考，激发学生重新

审视自己的思维，促进学生的自主学习和思考。课题组的成员都按照以上策略，结合自身教学实际和风格，采取合适的策略培养学生的反思技能。

三、解决问题的过程

第一阶段：自2017年10月课题立项以来，课题组先进行了相关的文献综述的学习，多次研讨后制定了课题的研究方案，接着课题组所有成员按照制定的方案及技术路线，即按照"123"法，以每天的课堂教学为依托，强调从课前、课中、课后三个环节入手，创设多角度、多方面的数学活动，运用多种模式来增进学生的反思素养。

第二阶段：虽然课题组制定了研究方案，但并没有要求所有成员一定要完全照搬，一成不变地执行。课题组成员要根据所教学生的实际情况灵活选择合适的方法。边实践边反思，相互交流和研讨，根据实际情况去调整、修订方案。比如，有老师提出，每天写错题本，会占用学生大量时间，大家研讨后建议改为选取有代表性的习题去详写，一些小题可以简单处理，以免占用学生过多的时间。

第三阶段：在2019年，为了检验课题实践的效果，课题组设计了学生反思情况问卷调查，根据反思素养的层次，量化分数，通过研究班与非研究班的分数对比，最后得出结论——研究班的反思素养普遍高于非研究班。

第四阶段：成果应用与推广。①课题组的成员多次在市、区级公开课活动中，展示了课题组的研究成果，所上公开示范课获得好评。②刘佳、伍康朝老师在市级优质课活动中获得一等奖，刘佳老师还在省级优质课评比中获得好评。在他们的课中，反思环节是很精彩的一部分，也是课题组的重要成果之一。

根据课题组成员所在的不同学校，将课题组成员分为3个组，每个组根据所任课的年级及自己的教学风格，采用了不同的数学学习反思活动，具体如下。

第一组：安顺市实验学校课题组。课题组成员翁小燕、冷丹和王洪学分别担任了6个班的数学教学工作，按照课题组拟定的方案，他们除了在课堂

教学的过程中按照三个环节去创设数学反思性学习活动外，还重点进行数学错题记录、单元反思记录等课题实践。经过两年的实践取得如下成果。

①形成了人人写错题记录、日日写反思的好习惯。实验学校课后反思活动以写错题集为主。学校每位学生人手一本错题本，每天都要把当日的错题写在错题本上。写错题的过程一是积累了错题素材，方便学生在总复习时可以"回头看"，查找自己的问题和短板；二是促进了学生的自主学习和学会学习，在改错的过程中，引导学生自主思考为什么错，错在哪里，应该怎样做才对，采用了什么方法，等等。有学生在错题本的扉页上写着"凡在此本中出现的错题皆不可再错"，还有的学生为了避免因写错题而增加作业量，会在每次作业完成后自己主动检查作业是否有错。学生的这些行为都充分说明了学生在不知不觉中增强了学习的积极性和主动性，并且明确了记录错题是为了避免再次在同类问题上出错，日复一日，学生的反思习惯和素养就在无形之中形成了。

②单元反思记录表对学生的单元复习发挥了较好的作用，取得较好的效果。实验学校研究班的学生采用课题组设计的单元反思记录表来进行每个单元复习的知识概括和方法总结，图表的形式有利于学生梳理知识脉络，系统地总结反思每个单元的内容。

③课题组研究班的学生的反思素养量化成绩高于对比班。以测试的实验学校八年级两个班为例，研究班的平均分为75.02分，非研究班的平均分为71.16分。

④课题组研究班的学生成绩都有不同程度的上升。王洪学老师最开始接手的班级，期末考试成绩排在年级的倒数第二，经过一年多的课题实践，所教学生的成绩在最近的几次测验中，已经排名到了年级第二名，其余老师的教学成绩也都有所提高。

第二组：安顺市五中课题组。课题组成员刘佳、邹金声两位老师所任教的3个班为课题研究班，分别进行七、九年级的教学研究，除按课题组规定的"123"法进行研究外，他们还要着重进行引领学生说反思、训练学生写反思日记等课题实践研究，并且负责该项的资料收集与整理。经过两年的实

践，取得如下成果。

①引领学生说反思的活动对学生成绩的提升取得了非常显著的效果。不同于实验学校课题组采用的错题本的方式，五中课题组的课后反思采用"引领学生说反思"的活动，即根据教学内容进行随堂小测，然后让每一个做错题的学生在课间到老师处，根据老师的提问回答问题，答对者方可过关。老师设置与错题类似的问题，根据解题反思的3个步骤去设问，同时结合学生的具体学情，设置的问题难易程度不同。这种"引领学生说反思"的活动，真正做到了让学生通过反思解题，学会自主学习、举一反三。这样的方式也真正做到了面向全体学生，而且有效避免了学生相互抄袭的陋习。很多学生为了能过关，会主动找其他学生询问，想方设法弄懂题目的解法，不然没法面对老师的提问。这种说反思的过程，没有增加学生的书写负担，学生乐于接受。自研究实践以来，课题研究班的学生成绩有了大幅提升，取得年级第一的好成绩。

②训练学生写反思日记，帮助学生梳理知识，培养反思素养。课题组要求学生每天课后写数学反思日记，自主反思总结当日所学的知识，梳理每天所学的知识点和方法等，加强学生对重要概念、定理的内化和理解，老师每周检查一次。课题实践以来，学生采用了多种方法呈现和展示，加强了对重要概念、定理的内化和理解，促进了学生对认知结构的再组织，培养了学生的反思素养。

③课题组研究班的学生的反思素养量化成绩高于对比班。以测试的五中七年级两个班为例，研究班的平均分为76.40分，非研究班的平均分为70.36分。

第三组：二铺中学课题组。课题组成员伍康朝老师所任教的2个班为课题研究班，进行九年级的教学研究，除按课题组规定的"123"法进行研究外，还着重进行数学解题反思、章节反思记录等的课题实践研究，并且负责该项的资料收集与整理。经过两年的实践取得如下成果。

①在中考复习环节中，解题反思及章节反思对提升学生的复习效果起到了积极的作用，特别是对有些综合性题目的解题反思尤其重要，学生在反思

过程中会自主收集、记录题目中涉及的概念、定理、方法等内容，对促进学生综合能力的发展有着显著的作用。实施课题研究以来，研究班学生的数学成绩整体水平有提高，优等生数增多，在经过老师有计划、有步骤、有策略的训练之后，学生的反思能力有所提升，对培养学生的数学意识和解题能力、优化思维品质、养成良好的学习习惯有着积极有效的作用。伍康朝老师所任教的班级在中考中取得了较好的成绩，名列前茅。

②课题组研究班的学生的反思素养量化成绩高于对比班。以测试的五中九年级两个班为例，研究班的平均分为75.43分，非研究班的平均分为72.21分。

③对于今年新接的九年级两个班的学生，通过创设数学反思性学习活动，实行了分组说反思的活动来培养学生的反思素养，取得较好的效果。两个班学生的成绩都有了较大幅度的提高。

四、课题研究过程中部分反思案例

此教学设计曾获得安顺市初中数学优质课一等奖。该课的一大亮点就是两处课中反思。

"课题学习 最短路径问题"教学设计：

教材版本：

人教版八年级数学上册。

教学课题：

课题学习 最短路径问题。

课型：

新课。

课时：

第1课时。

一、设计理念

（1）以学生发展为主，让学生体验建立模型、解决问题的过程，并在此过程中尝试发现问题和提出问题。

（2）让学生学会反思解决问题和参与活动的过程，并能进行交流，进一步获得数学活动经验。

（3）通过对新问题的探讨，发现新问题与学过的知识之间的关联，体会化归思想，发展学生应用意识和能力。

二、教材分析

本节课的主要内容是利用轴对称研究某些最短路径问题，最短路径问题在现实生活中经常遇到，初中阶段，主要以"两点之间，线段最短""三角形两边之和大于第三边"为知识基础，有时还要借助轴对称、平移变换进行研究。

本节课以数学史中的一个经典故事"将军饮马问题"为载体开展对"最短路径问题"的课题研究，让学生经历将实际问题抽象为数学的线段和最小问题，再利用轴对称将线段和最小问题转化为"两点之间、线段最短"的问题。

三、学生分析

（1）八年级的学生好动、思维活跃，乐于动手实践，有好奇心和探索的愿望，观察、操作、猜想能力较强，但演绎推理、归纳和运用数学意识的思想比较薄弱，自主探究和合作学习能力也需要在课堂教学中进一步引导。此年龄段的学生具有一定的探究精神和合作意识，能在一定的亲身经历和体验中获取一定的数学新知识，但在数学的说理上还不规范，几何演绎推理能力有待加强。

（2）将学生已经学习过的"两点之间，线段最短""三角形两边之和大于第三边"，以及刚刚学习的轴对称和垂直平分线的性质作为本节知识的基础。

四、教学目标

（1）能利用轴对称解决简单的最短路径问题。

（2）在探索过程中，教师引导、学生自主探究，培养学生的观察、猜想、发现、验证等探究创新能力，发展推理能力和有条理表达能力。使学生体会轴对称的桥梁作用，感悟建模、类比、转化等数学思想。

（3）通过本课的学习使学生在合作交流中体会数学的思想方法，接受数学文化的熏陶，培养学生探究问题的兴趣、合作交流的意识、动手操作的能力，激发学生探索创新的精神。体验用数学知识解决问题的乐趣，培养学生热爱数学的情感，让学生体验成功的喜悦。

五、教学重难点

重点：将实际问题抽象为数学问题；利用轴对称解决最短路径问题。

难点：用逻辑推理证明所求距离最短。

六、教法、学法分析

教法分析：本节课采用问题式引导探究法教学，通过层层问题，启发学生思考，引导学生运用数学的思维方式发现问题、分析问题，并运用数学知识解决问题，增加学生的数学活动经验，并在学习过程中培养学生独立思考、合作交流、反思质疑等学习习惯。

学法分析：本节课采用小组合作交流式学习的方法，并让学生动手实践操作，直观感受数学知识的生成过程，让学生在合作交流中形成评价与反思的意识，形成坚持真理、修正错误、严谨求实的科学态度。

七、信息技术应用思路

本节课采用交互式多媒体教学。探索问题时，利用课件动态展示，更直观、更明显，有利于学生发现规律。利用希沃授课助手展示学生作品，并让学生讲解自己的思路，以学生为主体。练习题分四个板块，根据课堂的实际需求利用课件的功能，有的放矢地使用课堂练习，提高课堂效率及练习的时效性。在课件中插入微课短视频，结合班班通使用，演示、板书相结合，全面地调动学生的看、听、思、写能力。

八、教学流程设计

教学流程设计见表5-1。

表 5-1　"课题学习　最短路径问题"教学流程设计表

教学环节	教师活动	学生活动	设计意图
创设情境	【课前复习】 同学,把你的练习纸拿给老师好吗?谢谢。请问,你刚才为什么要选择从这条路径走,而不是绕外围呢? 同学们,你们能用我们的数学知识来解释这个生活常识吗?	两点之间,线段最短	从学生已经学过的知识入手,为进一步丰富、完善知识结构做铺垫
引入新知	【故事引入】 唐朝诗人李颀在《古从军行》中写道:"白日登山望烽火,黄昏饮马傍交河。"诗中就隐含着一个有趣的数学问题:将军在山上观望烽火后,从山脚的 A 点出发,途中要到小溪边给马儿喂一次水,然后再回到营地 B,问怎样走路程最短。 介绍"将军饮马问题"	实际问题中的"地点""小溪"抽象为数学中的"点""线"	故事引入增强课堂趣味性,激发学生学习兴趣
探究新知	【活动探究 1】 如图,将军从 A 地到 B 地,途中马要到小溪边饮水一次,怎样走路程最短? (1)你能将这个实际问题抽象为数学问题吗? (2)如果 A、B 两点在直线 l 的异侧,你能在直线 l 上找到点 P,使得($AP+BP$)最短吗? (3)回归刚才的问题:A、B 两点在直线 l 的同一侧,如果能将 B 点转移到 l 的另一侧,问题就解决了,有什么方法能实现这个目标呢? (4)让学生猜想,并画出图形。(巡视发现学生不同的做法) (5)可以做点 A 的对称点吗?做点 A 的对称点和点 B 的对称点,找到的最短路径是一样的吗? (6)回顾刚才的作图过程,最关键的一步是什么?	学生思考并回答,如何将实际问题转化为数学问题	此时,同侧对于学生来说有一定难度,所以降低问题难度,设置问题(2),从异侧问题入手,由简到难,逐步深入。设置问题(3),引导学生将同侧问题转化为异侧问题。设置问题(5),产生思维冲突,引发学生进一步探究的学习欲望。设置问题(6),让学生反思作图过程,进一步理解轴对称的作用,证明最短路径是本节课的一个难点,通过教师对学生的引导,培养学生逻辑推理证明能力和表达能力

续表

教学环节	教师活动	学生活动	设计意图
整理归纳（课中反思环节）	【活动探究2】证明最短路径 在 l 上任意选一点 Q，试比较路径 A-P-B 和路径 A-Q-B 的长短。 学生简述证明过程，当学生描述出现困难时，教师给予点拨	已知：直线 l 和同侧两点 A、B。 求作：直线 l 上一点 P，使得($AP+BP$)的值最小。 学生动手画一画，并说出作图依据。 学生展示作图方法，并请学生说一说作图的依据。 学生可能出现的作图方法： （1） （2） （3） （4）	
巩固练习	回顾刚才的探究过程，我们是如何解决将军饮马问题的? 1. 解题的思路 2. 作图方法 3. 运用的数学思想	将实际问题抽象成数学模型。 利用轴对称将同侧线段和最短问题转化为异侧线段和最短问题	让学生反思刚才的探究过程，培养数学思维和及时总结所学的知识的好习惯。 让学生体会轴对称的作用，感悟建模、类比、转化思想，丰富数学活动经验

续表

教学环节	教师活动	学生活动	设计意图
巩固练习	【练习1】已知：P、Q是△ABC的边AB、AC上的点，你能在BC上确定一点R，使△PQR的周长最短吗？ 【练习2】已知△ABC，AB=AC，D是BC的中点，E是AB上的定点，试在AD上找一点P，使得（DE+DB）最小。	展示学生的作图情况，并请学生简要说明步骤和依据	在具体问题中实践已有模型，固化已有模型。为进一步丰富、完善知识结构做铺垫。 练习1的设置，让学生体会到了求周长最短最终还是归结为"两点一线"模型
课堂小结（课中反思环节）	【练习3】已知：M(0, 2)，N(4, 2)，点P是x轴上一个动点，若使（PM+PN）最小。（1）画出点P的位置；（2）写出点P的坐标。 【拓展提升】 如图：一个将军骑马从驻地A出发，先牵马去草地OM吃草，再牵马去河边ON喝水，最后回到驻地A，问：这位将军怎样走路程最短？ 思考： 一天，小牧童看见了就问将军，为什么不直接走到O点？这样马儿既能喝水也能吃草。 利用课件的链接功能，机动地选择练习题的难度与强度。 1. 本节课你有哪些收获和体验？ 2. 微视频回顾本节课的主要内容	学生大胆猜想，再验证。我们要先将实际问题变成一个数学问题，然后观察实验，提出猜想，之后通过证明，验证猜想，从而得出结论，最后再将结论运用到实际问题里	练习2、3的设置，结合了前面已学过的等腰三角形和平面直角坐标系的知识，让学生感受知识的融合与迁移。 习题难度由易到难，逐步深入。让学生进一步巩固解决最短路径问题的基本策略和基本方法。 拓展提升题是典型的"一点两线"模型题，有提高、有挑战，学以致用。在解决最短路径问题时，通常利用轴对称将折线转化为直线，从而做出最短路径。 让学生谈感受、谈收获，相互补充，通过总结、反思，感悟本节课，增加数学体验

续表

教学环节	教师活动	学生活动	设计意图
布置作业	1. 课后作业： 必做题：《练习案》练习2-3； 选做题：《练习案》拓展提升题。 2. 预习思考： 你觉得最短路径问题除了"两点一线"的情形，还会有哪些情形呢？		分层作业，遵循学生个体差异。 巩固旧知，设置悬念，预习新知。

九、板书设计

课题学习　最短路径问题

（1）理论依据：两点之间，线段最短。

（2）作图方法："两点在直线同侧"利用轴对称转化为"两点在直线异侧"。

（3）数学思想：建模、类比、转化思想。

十、教学反思

本节课从设计理念上来说以学生发展为主，采用启发式教学，注重学生能力培养，让学生主动探究，教师给予引导，把课堂真正还给学生，渗透数学思想，增加学生的数学体验。从知识点结构上来说，本节课本质上是最值问题，作为初中学生，在此之前很少涉及最值问题，解决这方面问题的数学经验尚显不足，特别是对于有实际背景的最值问题，更会感到陌生，无从下手。在理解"同侧问题"转化为"异侧问题"时，对于为什么要这样转化、怎样实现转化，一些学生会存在理解上和操作上的困难。例如，在证明"路径最短"时，需要在直线上任意取异于点 P 的一点进行证明，一些学生想不到这种思路和方法。

所以，教学时教师可以让学生首先思考"异侧问题"，在引导学生将"同侧问题"转化为"异侧问题"，证明最短路径时，教师要适时点拨，与学生配合完成证明。教师的教学思路一定要清晰，课堂设问要有指向性、逻辑性，这样才能有利于引导学生顺利地解决问题。

第三节　反思性学习活动培养反思素养的成效反思

一、课题研究的实施与效果

"创设数学反思性学习活动培养初中生反思素养的实践研究"自2017年10月立项以来，至2019年10月完成课题研究为止，历时两年多的时间。在此期间课题组围绕课题研究目标，分阶段开展实践研究，从反思意识（习惯）、反思技能两个维度来培养学生的反思素养，并根据课堂教学的环节，创设"课前复习反思、课中总结反思、课后巩固反思"的数学反思性学习活动，同时将"反思意识（习惯）、反思技能"贯穿整个数学反思性学习活动的始终。首先，本研究根据文献确定数学反思性学习活动的内容、维度及操作模式；其次，在教学中进行实践研究，逐步再调整、修改研究方案，并在反思实践的过程中及时进行总结；最后，设计调查问卷，通过对比，用数据说明课题研究实践之后所产生的变化。最终确定课题研究取得如下成果。

①课题组创设了多种数学反思性学习活动来促进学生反思素养的培养。具体来说有课前复习反思、课中总结反思、课后巩固反思。其中，课后巩固反思还包括解题反思、章节反思、错题反思等多种数学活动。

②课题组确定了数学反思性学习活动的内容、维度及操作模式。针对不同的反思性学习活动，课题组有不同的内容和操作模式。

比如，课前复习反思，其内容是回顾与反思之前所学的内容，包含所学知识点、方法、数学思想等，为即将开始的学习做好铺垫和衔接。它的操作模式可以是师生问答，也可以由学生自主完成，即规定每天课前2～3分钟的时间，由一名学生（全班学生轮流）上台讲解，或是思维导图的展示，或是图表的形式，或是文字的概括，由他们对上节课所学的知识进行回顾总结，一个学期轮流下来，既培养了学生的反思素养，又锻炼了学生的表达能力。

课中总结反思，即在上课的过程中，教师根据教学的需要，对所学习的内容及时进行总结反思。从内容上，既可以是对整节课进行反思总结，也可

以是对某个知识点或者某道题的解法或是某个定理的证明等。它的操作模式可以是学生先自行总结反思，老师在此基础上再强调或升华；也可以采用信息技术手段，如微课的形式等；或者是师生共同合作完成。所采取的模式不拘于形式，根据教学内容灵活选择。在这个环节中，我们要求课题组成员将反思的技能渗透在教学中。比如，反思解题所用的思想方法有哪些，反思所学的概念中有哪些内涵和外延，反思解题思路从何而来，要通过这个过程教会学生如何反思。

课后巩固反思的活动较多，如每天的反思日记、写错题本、单元反思、专项解题反思等。反思的内容可以针对当天所学的内容，也可以只针对一道题，或者是针对一个单元的总结反思。因为这些活动需要学生课后完成，所以课题组设计了一些专项表格，帮助学生学会反思，同时也教会学生可以用思维导图、图表或者文字的方式去表现。

③课题组所教学生的反思素养得以提升，学生成绩有所提高。课题组的成员来自同一个工作室、四所不同的学校，自参加课题组以来，每个成员都致力在教学中去实践、去研究。按照课题组的要求和大家制定的方案，逐步调整、落实。一路走来，大家一直坚持去做，最后欣喜地发现，所教学生的反思素养得以提升，最后的问卷调查显示，研究班的学生问卷调查的得分普遍高于非研究班的。并且，课题组的老师所教班级的学生成绩均名列前茅，成绩有所提高。

④课题组老师的教学水平有所提升。课题组的刘佳老师、伍康朝老师在2018年全市初中数学优质课比赛中，获得了一等奖的好成绩，在他们上课的环节中，尤其是刘佳老师的课中总结反思环节采用了微课的形式，生动地从解题思路、数学依据、数学思想等方面回顾反思，给各位评委留下了深刻印象，获得了第一名，并代表安顺市参加了全省的优质课比赛，其中的反思回顾环节得到了听课老师的一致好评，最后获得了省级优质课一等奖的好成绩。

二、课题研究成果的创新点

1. 全面性

笔者在认真研读了关于反思教学的相关文献后,发现多数研究只针对了反思学习的某一方面,如解题反思、课后反思等,这些研究对培养学生反思素养来说不够全面,因而本研究致力于在综合各项研究的基础上,依托每天的课堂教学,根据教学环节分课前、课中、课后反思进行研究,全面培养学生的反思素养,这对培养学生反思素养、促进学生学会学习有着重要的参考价值。

2. 整合性

运用整合论的思想,构建培养初中生反思素养在课堂教学中的系统解决方案:①以创设数学反思性学习活动为载体;②以《标准》、波利亚的《怎样解题:数学思维的新方法》,以及元认知理论为指导意见引领实践;③以测评表(问卷)为评价反思绩效;④以信息技术支持课堂教学为反思环节教学创新。

3. 可操作性

课题组设计的技术路线非常清晰明确,每个步骤、每个操作都具有广泛的可复制性和可操作性,大多数教师都可以马上实施。

4. 实用性

以课堂教学为依托,从教学环节入手,保证课题研究成果的实用性和可推广性:①促进教师反思教学,提升教学的有效性;②发挥学生的主体性作用,通过学生自主反思,促进学生学会学习;③坚持全员性天天反思总结,促进学生反思素养的形成。

5. 发明并有效运用"123"法培养学生反思素养的模式

所谓"123"法,即"一个素养,两个维度,三个环节加多种模式"的方法,它包含教师引导反思、师生共同反思、学生自主反思三种形式,还包括了"学生说反思""写错题本""写单元反思"等多种模式。实践证明,该方法对促进教师的教和学生的学起到了双管齐下的作用。以某一学生写在错题本扉页的一句话"凡出现在此本中的错题皆不可再错,所有错因只能出现

一回"为例，从学生稚嫩的语言中可以看出让学生写错题集的意义所在。另外，学生为了减轻作业负担，会每天自觉检查、审视自己的作业，避免出错。这样极好地调动了学生的学习自觉性和主动性，反思的习惯在不知不觉中就形成了。

三、成果在实施前后的状况比较和分析

（一）课题实施前的状况

本课题组的成员分布在四所学校，实施课题研究之前，大家都有这样的共识：数学是思维的体操，要学好数学就要教会学生如何思考、教会学生学会学习。然而在长期的初中数学教学实践中，我们发现：很多学生不会反思总结，同样的错误会反复地出现，甚至有些题目同样的解法，换个方式问就不会了，说明学生不会学习，不会举一反三、触类旁通；有些学生在数学上投入了大量精力，学习刻苦认真，但是收效甚微；有些学生在课堂上听懂了，可一回家就不会做，一考试就不会；相当一部分初中生作业错了不能自主分析错误原因再订正。因此，学生基本上能掌握教师讲过的知识和方法，而稍加变化或遇到新的问题，学生往往束手无策，缺乏独立思考和解决问题的能力和自信。学生总是无从下手，存在畏难心理，看见数学就怕，导致学习成绩一直上不来。究其原因，还是在于他们缺乏数学学习策略，不会对信息进行深层次加工，不会反思自己的学习。

归纳起来，我们发现学生在数学反思方面主要存在以下问题。第一，大多数学生没有自觉反思的习惯，教师布置什么，就做什么；做习题不懂就搁着，甚至抄作业；平时的学习内容也大都绕着考试转；希望老师多讲勤讲，而自己却乐于动耳，懒于动脑；在学习的过程中不问为什么，在学完数学内容后不会自觉地检查自己的学习情况，在学习过程中是被动选择的。第二，大多数学生没有做到及时总结当天所学数学内容的重点，没有做到对当天所学内容心中有数。学生缺少良好的学习方法，没有课前预习、课后复习、小结的习惯；如果在做作业的过程中没有遇到困难，学生就不会再思考所学的

数学内容。第三，大多数学生不能做到在学完一单元后在期中、期末时自觉地复习已学的数学知识，做到"由厚到薄"，也没有能认识到这样做的作用和重要性。第四，大多数学生对解题反思做的多一些，但主要是对解题结果的反思，关心的是解题答案的正确性，而对解题过程、解题思路与思想方法、题目的结构、题目的意义等思考较少。也就是说，学生对解题反思的理解是比较浅显的。第五，大多数学生在解题过程中缺乏自我调节、监控、反思、评价，思维一受阻便放弃；不习惯解题回顾；没有形成良好的解题认知结构，以致出现学了后头忘了前头，曾经做过的题目又忘记了怎么做的情况。第六，缺少合适的自我评价，做作业时遇到一些题目不会做，或几次考试不理想，便怀疑自己可能不是学数学的料，以至于越学越没信心，却不对自己的学习和考试情况进行很好的总结、反思：我当时是怎么想到思路的？为什么会这样想？这道题还有没有其他解法？碰到这样的题应该怎样才能找到突破口？题目那么简单，我却做错了，错在哪里呢？什么概念还比较模糊？只有经过这样认真的反思后，知识才能得到深刻理解与应用，可见缺失反思的学习极为被动。

（二）课题实施后的状况

课题组成员实验学校的王洪学老师讲了这样一个案例："陈小雨同学是个女同学，脸有点黑，长发，性格比较内向，平时数学成绩只考 50 分左右，其他科目也不是很突出，有些简单的数学题要讲几遍才弄懂。一次课间，我找她来了解数学的学习情况，得知其学习数学的动力不是很足，没有信心，家庭经济情况不怎么好，和同学不怎么相处，比较自卑。得知其情况后我对症下药，首先恢复其学习数学的自信心，其次教其学习数学的方法。在后来的课堂中，遇见简单的数学题，我让同学举手回答，看见她举手时我就优先让其回答，并给予表扬，经过这样几次后，其学习数学的兴趣逐渐浓了起来。之后，我让其准备一个笔记本，把每天的学习内容先回忆一下，想不起来的地方看书，遇到不会做的题，把它抄在笔记本上，然后第二天问我，她来问我时，我会让其先表述一下思路，然后再慢慢地引导她，并让她总结第一次思考的思路和我讲了之后的思路之间的差距，为什么开始会朝那个方向想，

出现了什么问题，后来老师讲解后是怎样的，三天后再看这个题，是否还会做。在后来的时间里，我发现她经常来办公室问我数学题，上课也积极回答问题，有时下课我还看见她和同学讨论数学问题，在后来的一次测试中，她考了 78 分，一念到她的分数，她感觉在做梦一般，下课后她对我说：'王老师，我太开心了，我已经好久没考及格了。'看着她脸上洋溢的笑容，我告诉她：'只要你以后继续努力，多反思自己不懂的题目，巩固以前还没掌握的知识，相信你以后会一直优秀。'从陈小雨同学身上，我看到了反思性学习的重要性，在今后的教学中，我也会更多地关注那些爱学习，但找不到方法的学生，让其接受反思性学习，多监督，使反思性学习在学生的学习过程中生根发芽，让学生找到学习的幸福感。"

课题组总结了课题实施后的变化，归纳如下。

1. 数学反思性活动可以培养学生积极的数学情感

引导学生反思是培养学生积极的数学情感的良好途径。教师通过引导学生反思、体会、感悟自己的思考过程，帮助学生改变以前的学习态度，建立正确的数学观念和积极的学习态度和情绪。引导学生反思，促进学生进行认知结构的组织和再组织，通过这个过程，学生能获得成功的体验，增强数学学习的自信心和兴趣，从而切实感受到数学是一个有机的整体，并不断去寻找数学内容之间的本质联系，达到对数学内容最本质的认识。

2. 数学反思性活动可以培养学生良好的数学思维品质

所谓数学思维品质，就是指学生在解答数学问题、运用数学思维的过程中表现出来的思维的深刻性、灵活性、独创性、批判性、敏捷性。创设数学反思性学习活动可以使学生从不同的方面多角度地观察事物，并寻求不同的思路，善于在学习中质疑问难。学生通过反思，既可以强化数学思想方法意识，也可以对运用数学思想方法处理问题的具体操作方法更加了解，从而逐步学会运用数学思想方法分析和解决问题，提高元认知能力。

3. 数学反思性活动是学生学会学习的有效途径

学会学习已成为人类生存、生活、创造必备的基本素质。实际上，如果不能做到学会学习，就不能真正地学会知识。学生通过反思知道自己在

学什么,为什么这么学,然后反思这么学的结果,通过学习—反思—再行动—再反思的过程,达到自主学习的目的,从而学会学习。没有反思就没有学生的进步,没有反思就没有学生的发展。创设反思性学习活动,特别是对中等以上水平学生的学习能力的培养特别有效。因此,培养学生的反思习惯和反思能力意义重大。

4. 学生的数学成绩比较

以实验学校王洪学老师所教的两个班为例,课题实施前班级期末考试成绩排在年级的倒数第二名,经过一年多的课题实践,所教学生的成绩在最近的几次测验中,已经排名到了年级第二名。而其余老师的教学成绩也都有所提高:刘佳老师所教的班级的考试成绩也从最初的年级排名靠后,上升到了年级第一;伍康朝老师所教的九年级两个班在中考数学成绩排名前列,今年学校又安排他上九年级的课;同样的还有邹金生老师,今年也继续上九年级的课;翁小燕老师还因为教学成绩突出,获得了省级优秀教师的称号。以实验学校王洪学老师的课题研究班和同年级、平行班的非课题研究班的成绩比对为例,结果如表 5-2 所示。

表 5-2 成绩对比表

班级	是否参与课题研究	前测(期末考试成绩)		后测(期末考试成绩)	
		红分人数	平均分/分	红分人数	平均分/分
八年级(10)	是	13	61.48	22	103.67
八年级(12)	否	18	64.90	16	97.84

5. 学生的反思素养比较

课题组为了检验课题实施的效果,反映课题实施前后的不同,设计了一组调查问卷,从反思习惯、反思技能、反思的意义与内涵等方面调查了参与课题研究班的学生和非研究班的学生的反思状况。以反思水平的层次量化为分值,然后计总分,并将全班的平均分计算出来。以三个学校各一个年级的班级为例,结果如表 5-3 所示。

表 5-3 平均分对比表

课题组名称	年级	研究班平均分/分	非研究班平均分/分
安顺实验学校课题组	八年级	75.02	71.16
市五中课题组	七年级	76.40	70.36
二铺中学课题组	九年级	75.43	72.21

四、研究结果及反思

通过近两年的课题实施，本课题基本完成了预期目标。①课题组创设了多种数学反思性学习活动来促进学生反思素养的培养，特别是课后反思活动的创设丰富而实用。②发明并有效运用"123"法培养学生的反思素养，即"一个素养，两个维度，三个环节加多种模式"的方法，它包含了教师引导反思、师生共同反思、学生自主反思三种形式，还包括了"学生说反思""写错题本""写单元反思"等多种模式。③课题组确定数学反思性学习活动的内容、维度及操作模式。针对不同的反思性学习活动，课题组有不同的内容、规定及操作模式。④课题组所教学生的反思素养得以提升，学生成绩有所提高。课题研究班的学生问卷调查的得分普遍高于非研究班的。并且，课题组的老师所教班级的学生成绩均名列前茅，成绩有所提高。⑤课题组老师的教学水平有所提升。

但由于研究人员的研究水平有一定的局限性，对创设数学反思性学习活动培养初中生的反思素养的研究，还存在一些问题值得我们进一步思考。

1. 参与课题实践，学生的反思意识虽有提高，但反思技能和素养还需在长期的坚持中去进一步提高

课题组为了检验课题实施的效果，反映课题实施前后的不同，设计了一组调查问卷，从反思习惯、反思技能、反思的意义与内涵等方面进行了考查。问卷包括选择题和陈述题两部分，共14道题。第1题是记录学生的平时数学成绩的，没有计入总分，只是用来做对比，从第2题到第6题是考查学生反思习惯的。

在问卷中，我们量化的标准是按照反思水平的层次对各选项分别计8、6、4、2分。两个班得分情况如下（见表5-4）。

表5-4 得分情况表

题号	研究班（八10班）得分/分	非研究班（八12班）得分/分
2	4.96	4.40
3	6.36	5.70
4	6.04	5.60
5	5.28	4.64

续表

题号	研究班（八 10 班）得分/分	非研究班（八 12 班）得分/分
6	6.48	6.20
总分	29.12	26.54

研究班学生的反思习惯比非研究班的要好，特别是错题反思的习惯培养得很好。从以上数据中不难看出，经过课题研究实践的班级反思习惯要比非研究班的好，特别是从第 6 题中可以看到，学生对错题的反思习惯最好，这和实验学校的课题组承担的课后反思活动主要为写错题集（本）有着密切的联系。6.48 的平均分说明全班大部分人都能先对错题进行修改，再反思错误的原因，以及怎样避免错误，这是一个可喜的成绩。

问卷中第 7 题到第 14 题主要侧重于考查学生的反思技能、学习策略和解题过程中的自我调节意识与能力，两个班的数据对比如表 5-5 所示。

表 5-5　得分情况表

题号	研究班（八 10 班）得分/分	非研究班（八 12 班）得分/分
7	5.84	6.08
8	6.10	5.88
9	5.92	5.68
10	6.16	6.24
11	5.32	5.16
12	4.14	4.84
13	6.26	5.64
14	6.16	5.08
总分	45.90	44.60

通过数据比对，我们发现学生在反思技能、学习策略和解题过程中的自我调节意识与能力的方面差异不大。这说明，学生的反思技能和素养的培养不是在短时间内一蹴而就的，它还需要教师在长期的教学中去坚持和研究，才能取得更好的效果。

2. 对创设数学反思性学习活动，培养"学困生"的反思素养问题有待深入研究

从问卷分析中可以看到，学习成绩优异的学生，反思素养的量化得分就更高一些，这说明反思素养与数学成绩之间是相关的。而且课题组的老师也感觉到，在课题实践过程中，"学优生"的进步和收获更大。比如，写错题集，对于"学优生"来说可以有充足的时间和精力去完成反思、总结，从而促进

知识结构的再生成。但对"学困生"来说，本来完成作业就有困难，错题的概率大、次数多，再完成错题本的记录，无疑增加了学生的课业负担，造成了畏难的情绪，就不能保证反思的质量了。但是"学困生"的反思同样重要，这个问题困扰着我们课题组的老师，我们摸索了一些方法要求老师因材施教、以学定教。比如，采取"说反思"的方式，由老师引导其逐步反思，或者采取记反思日记的方式，每天先把基本的知识点、方法厘清，才能更好地灵活使用。但是，这些研究都不够深入，有待进一步提高。

3. 对学生反思素养的评价还有待进一步的研究

我们按既定目标完成了课题研究，但在总结和提炼课题成果时却遇到了困难，如何评价学生的反思水平和反思素养？虽然课题组设计了问卷，根据层次量化了分值，但这毕竟离科学而系统的评价体系还有差距，这是一个有待深思和解决的问题，希望在今后的研究实践中去反思和提高。

附录：学生数学反思情况调查问卷

初中数学学生反思状况调查问卷

调查问卷

年级：_____   性别：_____

亲爱的同学，你好！这是一次不记名的调查，调查结果仅供研究使用，你的选项无关对错、好坏，我们需要你最真实的想法。请你认真回想自己学习数学时的情境，如实回答下列问题，谢谢合作！

一、请选择一项和你的想法最接近的选项（在对应字母后打√）

1. 你的数学考试成绩一般是

A. 90 分及以上　　B. 80～89 分　　C. 70～79 分　　D. 60～69 分

E. 50～59 分　　F. 40～49 分　　G. 40 分以下（不含 40 分）

2. 通常情况下，你做作业的习惯是

A. 先看书回顾当天所学内容，再做作业

B. 先改错题，再做作业

C. 直接做作业

D. 先休息,再写作业

3. 在解题之前,能尽量去理解题意,比较清楚需要做的每一件事(指需要先求什么、后求什么、验证什么、如何思维等),之后才做题

A. 总能这样 B. 经常这样

C. 偶尔这样 D. 从不这样

4. 当自己的解题进程遇到障碍时,先尽量反思原来的解题思路,再考虑其他方法

A. 总是这样 B. 经常这样

C. 有时这样 D. 从不这样

5. 每次做完数学题后,一般是

A. 考虑多种解法

B. 自己独立检查作业

C. 第二天与同学对答案,再检查错误

D. 基本不对答案也不检查

6. 数学作业本发下来以后,你通常是

A. 对错题进行修改,并反思错在哪里、当时怎么想的、怎样避免再错等

B. 找出错误,然后对错题进行修改就行了

C. 看看对错,懒得修改

D. 不关心对错,直接写作业

7. 对自己在解题中常犯的错误,能否采取措施以防再犯?

A. 能 B. 基本能

C. 不能 D. 不清楚自己常犯的解题错误

8. 对曾经做错的习题及同类型的题,下次再做时

A. 从不再错 B. 有时还会出错

C. 还是经常错 D. 没有注意过

9. 每次数学测试后,能总结出一些经验和教训

A. 总能这样 B. 基本这样

C. 偶尔这样　　　　　　　D. 不知道怎样总结

10. 当你发现自己的数学成绩退步或者对某些知识、方法掌握得不好时，通常

A. 分析原因，查找资料复习或者请教老师补上来

B. 多做相关的练习题

C. 等老师复习时认真听课补上来

D. 不知道该怎么办

11. 关于学习总结，比较符合你的是

A. 经常在做完习题后总结所用的数学知识和方法

B. 能在学完一单元后总结所学数学知识和方法

C. 有时间的话，会总结一下

D. 经常感到没什么可总结的

12. 对解过的题，尽量变化设问角度并重新求解

A. 总是这样　　　　　　　B. 经常这样

C. 有时这样　　　　　　　D. 从不这样

二、陈述题

13. 你觉得解题后进行回顾、检验和反思重要吗？为什么？你做得怎么样？

14. 当你遇到一道你不熟悉的数学问题时，你会怎么做？为什么？

参考文献

[1]李秉德. 教育科学研究方法 [M]. 北京：人民教育出版社，1986.

[2]杨静霞. 初中数学核心素养落地签 [M]. 济南：山东文艺出版社，2019.

[3]刘玉琛. 中学数学核心素养的培养与探索 [M]. 长春：吉林人民出版社，2019.

[4]史承灼. 初中数学教学探究 [M]. 合肥：安徽文艺出版社，2014.

[5]姚敬东. 学生发展核心素养视域下的课堂教学指南：初中数学 [M]. 长春：东北师范大学出版社，2017.

[6]汪玲，方平，郭德俊. 元认知的性质、结构与评定方法 [J]. 心理学动态，1999（01）：6-11.

[7]董奇. 论元认知 [J]. 北京师范大学学报，1989（01）：68-74.

[8]田圣会. 试析反思性学习的目的、功能、特征与理论基础 [J]. 教育与职业，2008（20）：62-63.

[9]文邦太. 培养初中学生数学反思能力的教学模式研究 [J]. 广西教育，2011（08）：22-23.

[10]姜德祥. 浅论高中生数学解题反思能力的培养 [J]. 教师，2013（22）：71-72.

[11]熊伟. 初中生数学课后反思性学习的教学实践探究 [J]. 新课程（中学），2019（05）：59.

[12]邓伟. 强化实践活动 提升数学素养 [J]. 科学咨询（教育科研），2019（06）：29-30.

[13]黄琳. 培养问题意识 提升小学数学素养 [J]. 福建教育学院学报，2019，20（06）：102-103.

[14]曹素燕. 初中资优生数学素养提升的实践研究 [J]. 华夏教师, 2019（26）: 9-10.

[15]刘景鹏, 陈峥嵘. 数学的有效整合是提升数学素养的必经之路 [J]. 邯郸职业技术学院学报, 2019, 32（04）: 82-88.

[16]毛秀娟. 浅议培养自主学习能力, 提升学生数学素养 [J]. 才智, 2020（06）: 157.

[17]杨珍桂. 提升数学素养的国际实践及其对我国数学教学的启示 [J]. 世界教育信息, 2020, 33（06）: 70-72.

[18]陈清凤. 创设有效情境, 提升数学素养 [J]. 西部素质教育, 2020, 6（12）: 86-87.

[19]王功娟. 培育模型思想, 提升数学素养 [J]. 西部素质教育, 2020, 6（13）: 85-86.

[20]沈云. 基于培养初中生数学核心素养的变式教学 [J]. 科学咨询（科技·管理）, 2020（12）: 292.

[21]李志议. 关注复习策略, 提升数学素养 [J]. 科学咨询（科技·管理）, 2021（01）: 224-225.

[22]江冬宏. 基于核心素养下初中数学的概念教学 [J]. 科学咨询（教育科研）, 2021（01）: 267.

[23]马燕. 渗透数学文化 提升数学素养 [J]. 科学咨询（科技·管理）, 2021（02）: 220-221.

[24]张解放. 初中数学信息化教学探究 [J]. 科学咨询（教育科研）, 2021（03）: 159-160.

[25]张娟玮. 数学文化融入初中课堂教学的策略 [J]. 河南教育（教师教育）, 2021

（04）：38-39.

[26]何红东, 刘金娟. 初中数学课堂提问有效性及其策略的研究[J]. 科学咨询（教育科研）, 2021（04）：214-215.

[27]吕洪元. 分层教学法在初中数学课堂教学中的实践与探索[J]. 中国新通信, 2021, 23（09）：207-208.

[28]冯玲. 数学核心素养下STEAM教育与初中数学"综合与实践"相融合研究[J]. 淮南师范学院学报, 2021, 23（03）：141-148.

[29]刘鹏. 素质教育视角下的初中数学教学研究[J]. 学周刊, 2021（26）：49-50.

[30]李艳萍. 初中数学：阅读能力的提升不可或缺——核心素养背景下初中数学阅读能力提升研究[J]. 数学学习与研究, 2021（24）：108-109.

[31]高倩倩. 渗透数学思想, 提升核心素养：基于核心素养的初中数学教学设计[J]. 数学学习与研究, 2021（24）：110-111.

[32]佘慧军. 初中数学核心素养视角下高效课堂构建策略[J]. 试题与研究, 2021（25）：67-68.

[33]凡萍. 中学生反思性数学学习的教学策略与实践探索[D]. 昆明：云南师范大学, 2005.

[34]朱建燕. 初中生数学课后反思性学习的教学实践研究[D]. 长春：东北师范大学, 2009.

[35]张宝. 反思性数学日记在培养初中生数学反思能力中的应用[D]. 重庆：重庆师范大学, 2014.

[36]李保民. 高中生数学解题反思能力培养研究[D]. 兰州：西北师范大学, 2015.

[37]朱坤燕. 高中生数学解题反思能力的培养研究[D]. 南京：南京师范大学, 2017.

[38]赵伊惠. 核心素养视角下数学解题反思能力的培养研究 [D]. 苏州：苏州大学，2019.

[39]贾小琴. 培养高中生数学解题反思能力的实践研究 [D]. 临汾：山西师范大学，2020.